TAC建築設備シリーズ

第2版

いちばんよくわかる
空調・換気設備

TAC建築設備研究会

TAC出版
TAC PUBLISHING Group

はじめに

　今日の日本社会は、あらゆるものの価値観について再考されるべき状況にあるといえるでしょう。建築物の価値という点においても例外ではなく、社会的ストックという観点からも以前のように簡単にスクラップアンドビルドなどといっている状況にはありません。長期にわたって、その価値を維持・更新し続けることが大変重要な課題となりつつあります。

　建築物を人間の体にたとえると、建築躯体や外装は、骨格・筋肉や皮膚・容姿に当たり、建築設備は、血管・リンパ管・神経などいわゆる循環器系および神経系の部分に当たるといえるでしょう。それ故に、建築基準法第2条において「建築物は、建築本体に建築設備を含んだもの」と定義されています。建築物は、時代を先取りする省エネ・新エネなど先端的設備技術によるリニューアル化などで適切な新陳代謝を行うことにより、常に使い勝手の良い、快適で最適な空間を提供し続けることができ、その価値が高まります。このことからも、今後、建築においても設備やその維持管理についての知識が重要になるであろうことは疑う余地はありません。

　ビル管理においてもベテランといわれる人は存在しますが、その人たちも始めは初心者であったはずです。本書は建築設備について全く知識を持っていない初心者の方から、これから建築設備やその維持管理の実務に就く方々を対象に、できるだけ平易な表現を心がけて記述されていますので、大枠のイメージをつかんでいただき基礎知識の習得に活用いただければ幸いです。

令和6年1月

工学院大学名誉教授
NPO法人建築環境・設備技術情報センター（AEI）理事長
中島　康孝

目　次

Part 3　空調・換気・排煙システム ………………… 79

Part 4 空調・換気設備の設計・施工 …………… 119

Part 5　空調設備の維持管理 ························ 159

快適な
空気調和
設備とは

この章では、空気調和設備を理解するうえで知っておきたい基礎知識を解説します。

空気調和と暖房・冷凍・冷房

空気調和

空気調和とは、室内の温度、湿度、気流を居住者や室内に存在する物品などに対して最も良い条件に保ち、空気中の浮遊粉塵、臭気、汚染物質などを清浄することです。

具体的には、温度は空気を加熱または冷却して必要な温度をつくります。湿度は水蒸気量が足りない場合には、加湿器により必要な量だけ増加させ、水蒸気量が多すぎる場合には、除湿により減少させます。気流は室内に取り付けられた制気口（吹出し口や吸込み口）の風量調整を行うことにより、快適な気流を作り出します。空気清浄はフィルタや脱臭装置を介して行い、一酸化炭素や二酸化炭素などに対しては外気を導入することにより希釈させ清浄度を保ちます。

また、一般的に空気調和は、人間のための快適用空気調和と産業用空気調和の2種類に分けられます。

快適用空気調和は、一般空気調和または保健用空気調和とも呼ばれ、居住者に対する快適な環境をつくることを目的とします。住宅、事務所、ホテル、劇場、百貨店、ショッピングセンター、商店、学校、車内、喫茶店、食堂などの一般の人々が日常の生活で使用する機会が多い建築物などで行われる空気調和がこれにあたります。

一方、産業用空気調和は、工業用空気調和とも呼ばれ、工場内において生産される製品の品質向上、精度の確保や、工場内の機械、施設などに対して最適な室内条件を維持することを目的としています。工場以外に、農業、畜産、流通などの分野の建築物などにおいて行われる空気調和も、産業用空気調和にあたります。

暖房

室内の空気の温度だけを上昇させることを暖房といい、加湿および空気の清浄は伴いません。日本のビルディングにおいて最初に導入された暖房設備は蒸気暖房設備です。現在、一般に家庭で使用されるルームエアコンの冬季の暖房運転では加湿が行われないことから、単なる暖房設備にすぎず、空気調和設備とは異なります。

冷凍

冷凍とは、仕事や熱などのエネルギーを費やして低温部から高温部に熱を運ぶ操作のことをいいます。この装置により冷水をつくり冷房を行います。

冷房

室内の空気の温度だけを下降させることを冷房といい、この場合も空気の清浄などは行いません。暖房と同様に、一般に家庭で使用されるルームエアコンの夏季の冷房運転でも加湿が行われないことから、単なる冷房設備にすぎません。

温度
空気を加熱・冷却して
必要な温度をつくる

湿度
加湿・除湿により
水蒸気量を増減する

空気調和
居住者や室内に存在する物品などに対して
室内環境を最も良い条件に保つ

気流
風量調整によって
快適な気流をつくる

空気清浄
空気中の浮遊粉塵、臭気、
汚染物質などを清浄する

快適用空気調和
（一般空気調和・保健用空気調和）
一般の人々が日常の生活で使用する機会が多
い建築物などで、居住者に対する快適な環境
をつくることを目的とする

産業用空気調和
（工業用空気調和）
工場内において生産される製品の品質向上、精
度の確保や、工場内の機械、施設などに対して
最適な室内条件を維持することを目的とする。
工場以外に農業、畜産、流通分野にも行われる

用語解説　**空気調和における「冷凍」**：冷凍とは、物や空間の持っている熱を奪うことにより、その周囲の外気よりも低い温度にしてその低温状態を維持すること。冷凍の方法には、融解熱の利用（氷など）、昇華熱の利用（ドライアイス）、蒸発熱の利用（フロン、水など）などの方法がある。

空気調和設備の構成

空気調和は、建物の居住者や機械、製品などに対して、室内の温湿度や清浄度を適切な値に保つために行われます。このために必要な設備として代表的なダクト方式による空調と、マルチタイプ・パッケージ空調を例として基本的な構成を説明します。

ダクト方式による空調の構成

ダクト方式による空調設備は、基本的に空気調和機、冷凍機、冷却塔、ボイラ、ポンプ、送風機などにより構成されています。空気調和機には、「空気冷却器」「空気加熱器」「加湿器」「エアフィルタ」「送風機」が格納されています。空気調和機に入った空気は、塵埃を除去する「エアフィルタ」を経て、「空気冷却器」および「空気加熱器」により空気を冷却または加熱します。次に加湿が必要な場合には「加湿器」により加湿されます。この調製された空気が送風機により「ダクト」を経由して室内に供給され、再び、室内の吸込み口からダクトを経由して空気調和機に還気されます。

「冷凍機」や「ボイラ」は、空気調和機内で空気の熱を奪ったり加えたりする熱交換に必要な冷水および温水または蒸気を作る熱源装置です。「冷却塔」は、「冷凍機」で発生した廃熱を、冷却水を用いて大気中に放熱する装置です。これらの冷水・温水や蒸気および冷却水の搬送・循環を行うために、「ポンプ」や「配管」などがあり

ます。また、「ボイラ」に対しては、「オイルギアポンプ」のほかに「オイルサービスタンク」や「オイルタンク」が設置されます。

マルチタイプ・パッケージ空調の構成

マルチタイプ・パッケージ空調設備は、空気を熱源とするヒートポンプ式パッケージ空調機を利用しています。室内ユニットには「エアフィルタ」「空気冷却・加熱装置」「送風機」が入っています。この室内ユニットから直接室内へ送風または還気することによって、空気の温度や清浄度を適切に保ちます。室内ユニットと空気熱源ヒートポンプ室外ユニットの熱の移動は、「冷媒配管」の冷媒によって行われます。ダクト方式による空調との冷水・温水や蒸気による熱の搬送の違いがここにあります。また、「ドレン配管」は冷房時に室内ユニット内に発生した結露水を排出するための配管です。

室内への外気の取入れや排気を行う換気は「外気処理ユニット」によって行われ、これには「全熱交換器」や「加湿器」などが組み込まれています。

なお、「マルチタイプ」は、1台の室外ユニットと数台の室内ユニットが冷媒配管で接続されていて、各室内ユニットは単独に運転することができます。また、運転する室内ユニットの台数と負荷に応じて室外ユニットは適切な運転状態に制御されます。

ダクト方式による空調の構成

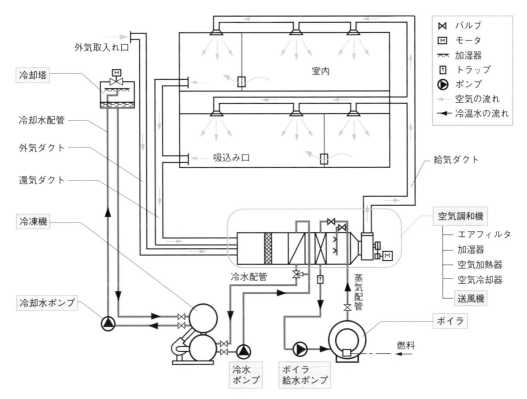

外気取入れ口

冷却塔

冷却水配管

外気ダクト

還気ダクト

冷凍機

冷却水ポンプ

室内

吸込み口

給気ダクト

	バルブ
Ⓜ	モータ
〜	加湿器
Ⓣ	トラップ
⬤	ポンプ
→	空気の流れ
◀	冷温水の流れ

空気調和機
— エアフィルタ
— 加湿器
— 空気加熱器
— 空気冷却器
— 送風機

冷水配管

蒸気配管

ボイラ

燃料

冷水ポンプ

ボイラ給水ポンプ

マルチタイプ・パッケージ空調の構成

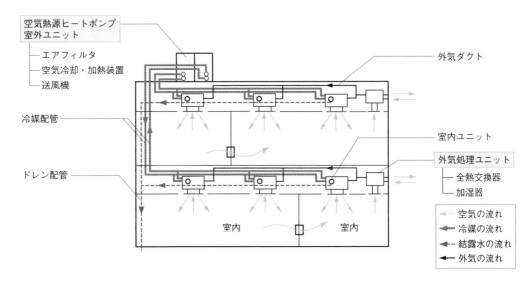

空気熱源ヒートポンプ
室外ユニット
— エアフィルタ
— 空気冷却・加熱装置
— 送風機

冷媒配管

ドレン配管

室内

室内

外気ダクト

室内ユニット

外気処理ユニット
— 全熱交換器
— 加湿器

→	空気の流れ
◀	冷媒の流れ
◀-	結露水の流れ
◀	外気の流れ

用語解説

「冷媒」：冷媒とは、適切な圧力や温度によって蒸発潜熱や凝縮潜熱などが利用できる状態を作り、その時の熱移動に利用される媒体のこと。圧縮式冷凍機ではフロンやアンモニアが用いられ、吸収式冷凍機では水が用いられる。

熱と環境

人体の温感

人体の温感は気温によって最も強く影響されますが、湿度によってもかなり影響されます。また、温湿度以外にも気流の速度や放射熱といった要素にも大きく左右されます。

人体で発生する熱は、皮膚の表面からの放熱と呼吸による放熱によって体外に放出されますが、人体には放熱の自己調節機能があって、気温や湿度などの外的条件が多少変わっても必要な放熱が行われるようになっています。

気温が上がって放熱量が不足すると、人体は暑さを感じ体内の調節機能が働いて皮膚下の血液の流れが増し、皮膚の表面温度を上昇させて放熱を促進させます。これでもまだ放熱量が不足すると汗を出して、その汗が蒸発する時の気化熱を利用して放熱量を増加させます。

逆に気温が下がって放熱量が過剰になると、寒さを感じ皮膚下の血液の流れを減少させて放熱量を少なくします。これでもまだ放熱量が過剰な場合には、体温の低下や筋肉のふるえが起こってきます。

快適用空気調和の目的

住宅、事務所、ホテルなどの居住者に対して快適な環境を作ることを目的とした快適用空気調和では、人体が不快を感じないで放熱が行われる範囲に、室内の温湿度や気流速度を保つことを目的とします。

人体の温感は、温度、湿度、気流および放射の４つの環境要素と、活動状態（代謝）および着衣のふたつの人体側の要素によって変化します。そこで、従来からこれらの要素の影響を加えた様々な温感指標が作られており、事務所ビルなどで用いられている温感指標には、新有効温度、作用温度などがあります。

快適な温感を得るには、各環境要素の種々の組合せが可能ですが、各環境要素が適当な範囲の値であることが必要です。例えば、扇風機で清涼感を得るために気流の速度を大きくした場合、局部的に長時間冷やされると不快を感じ、保健的にもよくありません。わが国においては、温度や湿度など各環境要素ごとに適当な範囲を示す環境基準として「建築物における衛生的環境の確保に関する法律」（ビル衛生管理法）によって右表（下）のような居室の環境基準が定められています。このうち温度および相対湿度、気流の３つの項目が熱環境に関するものです。なお、一般の事務所ビルの空調設備の設計では、室内温度および湿度を、夏は26℃、50％とし、冬は22℃、40〜50％とすることが多いのですが、昨今のエネルギー事情などを考慮して、夏は27〜28℃、50％、冬は20℃、40〜50％とする場合もあります。また、気流速度は、暖房時は0.5 m/s以下、冷房時は0.25 m/s程度以下とすることが望ましいとされています。

人体の温感要素

環境要素	温度	気温が上がると、体感温度は高く感じる
	湿度	相対湿度が上がると、体感温度は高く感じる
	気流	風速が1m/s上がる毎に、約1℃体感温度が低く感じる
	放射	室内環境では、床、壁、大井などの表面温度により、直接伝わる熱で体感温度が変わる
人体側の要素	活動状態（代謝）	身体を動かすと体内で生産される熱量により体感温度は高く感じる
	着衣	着ている服の種類、枚数により体感温度は変わる

おもな温感指標の例

名称（記号）	要素
作用温度（OT） （効果温度）	室内の温度・放射熱・気流をもとに表した仮想気温。暖房時のみ使用
有効温度（ET）	室内の温度・湿度・気流で快適さを表す指標。気流のない相対湿度100%の場合と同じ体感となる気温で表す
新有効温度（ET）	室内の温度・湿度・気流・放射熱に人体側の活動状態・着衣を加えた指標。気流のない相対湿度50%の場合と同じ体感となる気温で表す
標準新有効温度（SET）	新有効温度を基準とし、人体側の要素を標準化して快適さを比較できるようにした指標

居室の環境基準

「建築物における衛生的環境の確保に関する法律」（ビル衛生管理法）

項　目	基　準　値
温度	18℃～28℃※1
相対湿度	40%～70%
気流	0.5m／s 以下
一酸化炭素	6ppm 以下
浮遊粉塵	0.15mg／㎡ 以下
ホルムアルデヒド	0.1mg／㎡ 以下

※　居室において温度を外気より低くする場合は、その温度差を著しくしないこと

用語 解説	**「建築物における衛生的環境の確保に関する法律」（ビル衛生管理法）**：建築物の維持管理に関し、環境衛生上必要な事項等を定めることにより、建築物における衛生的な環境の確保を図り、公衆衛生の向上および増進に資することを目的としている法律。「建築物衛生法」とも呼ばれる。

空気の状態：乾き空気と湿り空気、温度と湿度

空調設備では、空気の温度および湿度や、空気に対する加熱や冷却に必要な熱量などが取り扱われるため、空気の熱的な性質についての知識が必要となります。

乾き空気と湿り空気

空気は、窒素、酸素、アルゴン、炭酸ガス、水蒸気などの混合物であり、その大部分を窒素と酸素で占めています。大気中のこれらの成分は、ほぼ一定の割合を示しますが、水蒸気だけは季節や天候などによって大幅に変動します。このため水蒸気を含まない空気を「乾き空気(Dry Air)」とし、水蒸気を含む空気を「湿り空気(humid air)」として乾き空気と水蒸気との混合物として取り扱うことにすると、空気の性質を表すのに便利になります。

例えば、空気中の水蒸気の含有率を表すのに「乾き空気1kgに対してx kgの比率で水蒸気が含まれる」という表し方をします。これを「絶対湿度(moisture content)」とよび、x(kg/kg(DA))と表します。この単位の(DA)は、乾き空気を基準としたことを示します。このように乾き空気を基準にすると、加湿や減湿を伴う空気調和機を通る空気でも乾き空気の流量は変わらないので、空気調和機を通る一定の空気量に対してどのくらいの水蒸気の量が増加したか、あるいは減少したかが分かりやすくなるのです。

温度と湿度

空気の温度は、水銀温度計やアルコール温度計などで測定され、一般に表示される温度を乾球温度(Dry Bulb temperature:DB)と呼びます。そのほかに、湿球温度(Wet Bulb temperature:WB)があり、湿球温度計は右図(中)のように乾球温度計と組合せて用いられます。湿球温度計の感温部はガーゼで包み、水で湿らせることにより水の蒸発による潜熱で冷やされ、これと周囲の空気からの熱伝達とで釣り合った状態、すなわち、水が蒸発する時に奪う熱量と、水が周囲から得られる熱量とが釣り合った状態の温度(湿球温度)を示します。また、湿球温度は感温部の風速によって変わるため、一定の風速の元で測定しなければなりません。

湿度の表し方には、左記の絶対湿度のほかに、右表(下)に示すようなものがあります。これらのうち、空気調和で最もよく用いられるのは、絶対湿度と相対湿度です。絶対湿度は、空気中の水蒸気量を質量比で表したもので、蒸発や凝縮が起こらない範囲では温度が変わっても絶対湿度は変化しません。これに対し相対湿度は、温度が変わると相対湿度の値も変化します。これらの湿度の表示はそれぞれ関連しており、空気の温度や圧力が分かっていれば、ほかの湿度の表示に換算することができます。

乾き空気の成分比率

成分	質量比率(%)	容積比率(%)
窒素（N₂）	75.53	78.09
酸素（O₂）	23.14	20.95
アルゴン（Ar）	1.28	0.93
炭素ガス（CO₂）	0.05	0.03

乾湿球温度計

オーガスト式乾湿球温度計

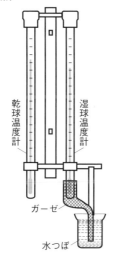

ほとんど気流のない
所で測定を行うのに
適している

アスマン式乾湿球温度計

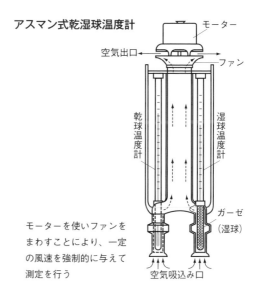

モーターを使いファンを
まわすことにより、一定
の風速を強制的に与えて
測定を行う

各種温度・湿度とその表し方

種類	記号（単位）	表し方
絶対湿度	x（kg ／ kg（DA））	空気中の水蒸気量を質量比で表したもの
水蒸気分圧	h（Pa）	空気中に含まれている水蒸気の持つ圧力
相対湿度	φ（%）	水蒸気分圧hと、同じ温度・圧力の飽和空気の水蒸気分圧hsとの比 h ／ hsを（%）で表したもの
比較湿度(飽和度)	ψ（%）	絶対湿度xと、同じ温度・圧力の飽和空気の絶対湿度xsとの比x ／ xsを（%）で表したもの
湿球温度	t'（℃）	水が蒸発する時に奪う熱量と、水が周囲から得られる熱量とが釣り合った状態の温度
露点温度	t"（℃）	空気中に含まれる水蒸気が飽和して、水滴に変わるときの温度

トラブル事例

「空気の状態（乾き空気と湿り空気）」：ある病院の入院病棟で、冬に温湿度を測定したことがありました。温度は20℃を超えていましたが、湿度は40%を下回っていたので原因を調べると、空調機は個別のヒートポンプエアコンで、どうやら加湿器が付いていないようでした。病室に湿度が足らない状態で、患者にとっては良くない空調設備という事例です。

空気の状態：飽和空気、標準空気

飽和空気

空気中に含まれる水蒸気の量には限度があり、これは温度や圧力によって異なります。この限度まで水蒸気を含んだ状態の空気のことを飽和空気（または、飽和湿り空気）と呼び、まだ水蒸気を含み得る状態の空気を不飽和空気（または、不飽和湿り空気）と呼びます。

混合気体において、あるひとつの成分しか存在しないと仮定した時に、ある成分の示す圧力を分圧といいます。例えば、水蒸気を含む空気の場合、含まれている水蒸気の持つ圧力を水蒸気分圧と呼びます。さらに、飽和空気の水蒸気分圧は、その温度の飽和蒸気の圧力に等しいので、「温度と飽和圧力の関係」から知ることができます。例えば、温度20℃の時の飽和空気の水蒸気分圧は2.3kPa（17.5mmHg）であることがわかります。

次に、「湿り空気h−x線図」の飽和空気＝100％の曲線は各温度における飽和水蒸気圧の点を結んだもので、飽和空気線といいます。この曲線より右側の領域は不飽和空気で、まだ水蒸気を含むことができる状態にあります。一方、左側の領域では飽和状態以上に水分を含む状態で、一部の水蒸気が凝縮して霧状に水滴が浮遊している霧入り空気（低温の所では雪を含んだ雪入り空気）と呼ばれる状態です。

標準空気

空調設備の設計では、送風量を容積流量すなわち風量（㎥/h）で表すことが一般的です。これは計算上、風速（m/s）や換気回数などが簡単に求められ、感覚的にも分かりやすいからです。例えば、ある部屋の容積が30㎥で、換気回数が10回の場合、その時の風量は30㎥×10回＝300㎥と求められます。しかし、比容積（1kg当たりの容積）は温度や絶対湿度などにより変化するため、精密に計算すると送風系統内（空気調和機の出口や室内、還りのダクト内など）の各場所によって異なる値を取ることになり、精密な計算の必要がない一般空調の設計では実用的に煩雑になります。

そこで、標準状態の空気を設定して、この状態に換算した風量を用いれば、風量は一定として扱うことができるので、一般に20℃の乾き空気（密度1.2kg/㎥）を便宜的に「標準空気」と定めています。

この標準空気の比容積は0.83㎥/kg(DA)（DA：乾き空気）となります。実際の風量と標準空気換算風量との比は、湿り空気の比容積をvとするとv/0.83となり、この比は常温付近では、ほぼ1に近いので、標準空気換算の風量で近似的に扱うことが多いのです。

温度と飽和圧力の関係

温 度	飽和圧力(単位：絶対圧力)		
℃	kPa	mmHg	kgf／cm²
10	1.2	9.2	0.013
20	2.3	17.5	0.024
30	4.2	31.8	0.043
40	7.3	55.3	0.075
50	12.3	92.5	0.126
60	19.9	149.4	0.203
80	47.3	355.2	0.429
100	101.3	760.0	1.033
120	198.6	1490.0	2.025
150	476.0	3571.2	4.854
180	1002.6	7522.0	10.224

湿り空気h－x線図

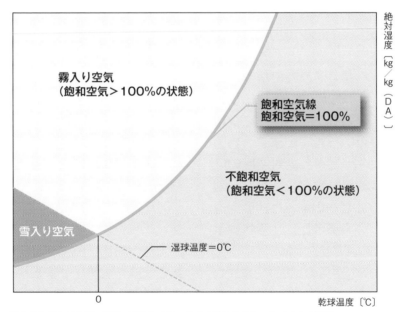

飽和空気線より右側の領域：不飽和空気。まだ水蒸気を含むことができる状態
飽和空気線より左側の領域：霧入り空気（低温の所では雪を含んだ雪入り空気）。
飽和状態以上に水分を含んだ状態

用語解説　**「湿り空気h－x線図」**：湿り空気h－x線図は、空気調和設備で一般に使われている空気線図で、座標軸の縦軸に絶対湿度xを、斜軸に比エンタルピーhを用いたもの。この図には、絶対湿度比・エンタルピーの他に、温度・相対湿度・飽和度・湿球温度・水蒸気分圧・比容積が示される。

空気線図の読み方

空気線図の基礎知識

湿り空気の状態の値には、圧力、温度、湿度、比エンタルピー、比容積などがあります。一般には大気圧の元で使用することが多いので、圧力を一定（1気圧）とします。湿り空気の状態の値は圧力値を除いた他のふたつの値を決めれば決まってくるため、そのふたつの変数を座標とした線図で空気の状態を表すことができます。このように湿り空気の状態を表す線図を「湿り空気線図(psychrometric chart)」または略して「空気線図」と呼びます。

空気線図には座標の選び方で様々なものがありますが、一般には、斜軸に比エンタルピーhを、縦軸に絶対湿度xを採用したh－x線図が用いられています。右図（上）は、比エンタルピー、絶対湿度のほかに、乾球温度、相対湿度、飽和度、湿球温度（比エンタルピーの実線と角度が違うことに注意）、水蒸気分圧、比容積が示されている空気線図です。

右図（上）のA点の空気の状態を読むと、比エンタルピーはh〔kJ/kg(DA)〕、絶対湿度はx〔kg/kg(DA)〕、乾球温度はt'（℃）、相対湿度はφ（%）、飽和度はψ（%）、湿球温度はtA（℃）（図中の色破線と飽和空気線との交点Bの温度）、水蒸気分圧はPu、比容積はvであることがわかります。また、この空気の露点温度は、xの線と飽和空気線との交点Cの乾球温度t"になります。

冬の窓ガラスの温度が右図（上）のようにA点の温度t'より低いT℃であったとき、ガラスに接している空気の温度もほぼT℃となり、T℃と飽和空気線との交点Eでの絶対湿度はxEとなります。これは、A点の温度t'℃やA点の露点温度t"℃よりもさらに低い温度となり、絶対湿度もxからxEへと減少しているので、A点における絶対湿度xとE点における絶対湿度xEとの差の空気中の水蒸気が凝縮して結露として現れるのです。

空気の状態の変化

空気線図では、空気の特性を示す要素をふたつ決めて状態点を特定して、そのほかの要素の値を求めることができます。

右図（下左）のように、乾球温度26℃、相対湿度50%の空気を空気線図上に示すと、比エンタルピー (h) 53kJ/kg(DA)、湿球温度(t) 18.7 ℃、絶対湿度(x) 0.0105kg/kg(DA)と求めることができます。

また、右図（下右）のように、A点の空気の状態を加熱だけすると(a)の方向に動き、冷却だけすると(b)の方向に動きます。(a)(b)それぞれ移動した状態点における乾球温度以外の要素の値を見ると、絶対湿度(x)は変わらずに、相対湿度、湿球温度(t)、比エンタルピー (h)が変化することがわかります。

空気線図の読み方

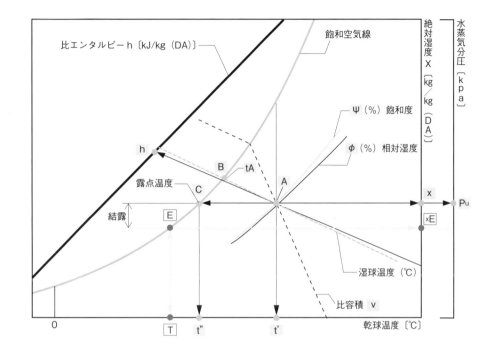

空気の状態の求め方

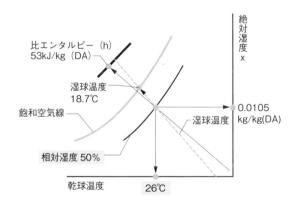

空気の状態の変化

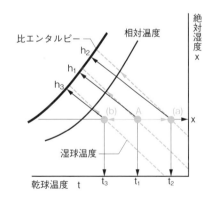

用語
解説

「エンタルピーと比エンタルピー」：エンタルピーは熱含量ともいい、物質の保有するエネルギーの状態を表す値。物質が外部に熱を放出したり、他の物質などにエネルギーを与えるとエンタルピーが下がる。比エンタルピーは、単位質量あたりのエンタルピーの比率で、湿り空気の比エンタルピーは、0℃の乾き空気を基準値として乾き空気1kgあたりのエンタルピーで表す。

空調の熱負荷について

熱負荷には、夏の冷房のように室内から熱を除去する場合と、冬の暖房のように室内に熱を供給する場合とがあります。同時に、室内の空気を清浄に保つために取り入れられた外気の熱負荷も求められます。空気調和機や熱源装置に必要な能力（装置容量）を決めたり、年間の電力や燃料の消費量を推定するために、熱負荷計算を行います。

熱負荷計算と設計条件

熱負荷計算では、装置容量の決定のために最大冷房負荷および、最大暖房負荷を計算しなければなりません。このときに適切に選択しなければならないことが、設計条件です。設計条件にはおもに設計外気温湿度と室内の設計温湿度があります。設計外気温湿度は、外気温湿度の最高・最低の極端な値（極値）は使いません。通常起こりうる最も暑い日および最も寒い日で計算します。一般に、設計外気条件は、冷房期間中または暖房期間中の気象記録を統計的に整理した方法（TAC法）によって求められた値を利用します。TAC 2.5%とは、冷房および暖房期間中に設計外気温湿度を超過する確率（超過率）が2.5%であることを示し、同じ条件の日が100日間あった場合、そのうちの2.5日は設計外気温湿度を超える可能性があることを示します。

室内の設計温湿度は、基本的に建物の用途により適切に選定することになります。

事務所ビルなどでは室内温度および湿度を、夏は26℃、50%とし、冬は22℃、40〜50%とすることが一般的ですが、省エネ対策として、夏は27〜28℃、50%、冬は20℃、40〜50%とすることもあります。

熱負荷の種類

空調を行っている室内においては、夏の暑い日には外から室内に入ってくる熱として、外壁、窓ガラス、間仕切り、天井、床などを貫流する貫流熱、窓ガラスから入る日射の熱、すきま風やドアの開閉によって入ってくる外気の熱があり、室内で発生する熱として、照明、人体、その他の発熱機器からの放熱があります。これらの熱が冷房負荷となりますが、このうち浸入した外気や人体からの放熱のように室温を上昇させるだけでなく、室内の水蒸気量も増加させるものがあります。この水蒸気量は室内の湿度を一定に保つためには除去しなければならないもので、その潜熱が負荷となります。このような水蒸気の潜熱による負荷を潜熱負荷と呼び、顕熱量だけの負荷を顕熱負荷と呼んで区別しています。

一方、冬は外気温の方が室温より低いために室温を下げるように働くものと、日射や室内発熱のように、常に室温を高めるように働くものとがあります。冬の暖房負荷では、貫流熱や侵入外気の負荷から日射や室内発熱を差し引いたものが実際の暖房負荷になります。

室における熱負荷の例

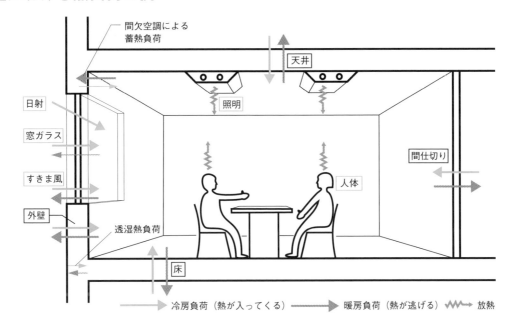

間欠空調による
蓄熱負荷

天井

照明

日射

窓ガラス

すきま風

外壁

透湿熱負荷

間仕切り

人体

床

⟶ 冷房負荷（熱が入ってくる）　⟶ 暖房負荷（熱が逃げる）　〰〰 放熱

最大熱負荷計算における冷房側構成要素と暖房側構成要素

	負荷構成要素		冷房側	暖房側
室内負荷	ガラス窓透過日射熱負荷(SH)		○	△
	貫流熱負荷	壁体(SH)	○	○
		ガラス窓(SH)	○	○
		屋根(SH)	○	○
		土間床・地下壁(SH)	×	○
	透湿熱負荷(LH)		△	△
	すきま風熱負荷(SH、LH)		○	○
	室内発熱負荷	照明(SH)	○	△
		人体(SH)	○	△
		器具(SH、LH)	○	△
	間欠空調による蓄熱負荷(SH)		△	○
装置負荷	室内負荷(SH、LH)		○	○
	送風機による熱負荷(SH)		○	×
	ダクト通過熱負荷(SH)		○	○
	再熱負荷		○	－
	外気負荷(SH、LH)		○	○
熱源負荷	装置負荷		○	○
	ポンプによる熱負荷		○	×
	配管通過熱負荷		○	○
	装置蓄熱負荷		×	△

空気調和・衛生工学会：空気調和・衛生工学会便覧、第13版、3巻(2002年)抜粋
SH（Sensible Heat load）：顕熱負荷　LH（Latent Heat load）：潜熱負荷
○：考慮する　△：無視することが多いが、場合によっては考慮する　×：無視する

用語解説	「**TAC法**」：アメリカ暖房冷凍空調学会(American Society of Heating, Refrigerating and Air-Conditioning Engineers)の技術諮問委員会(Technical Advisory Committee)が最初に定めた方法で、委員会の頭文字からTAC法という。

熱の移動について

熱伝導

熱伝導とは、温度すなわち分子の運動エネルギーが、分子間の衝突や振動によって伝搬されていく現象です。これは固体や流体を問わず媒体中に温度差があれば必ず発生します。固体や静止した液体中では唯一の熱の移動の仕組みです。この熱の伝わり具合を示す係数として、熱伝導率（λ）があります。

対流伝熱

対流伝熱とは、流体の熱が流体と一緒に移動する現象です。流体は、その一部が熱を受け取ると他の部分より密度が小さくなり軽くなって上昇し、これに対して冷たく密度の大きい部分が下降することにより相対する流れが生じます。この流れによって熱は流体と一緒になって移動し、対流が生じるのです。対流伝熱には、積乱雲のように大地が太陽熱により熱せられてできる雲の流れのような自然によって起こる自然対流伝熱と、扇風機によって部屋の空気に流れを起こすような強制的に対流を起こす強制対流伝熱があります。

放射（輻射）

全ての物質は絶対零度（0K（−273.15℃））でない限り放射エネルギーを発散し、同時に他の物質の放射エネルギーを受けています。放射（輻射）とは、熱エネルギーを電磁波の形にして空間を隔てた面と面の間で移動する現象で、途中で熱を運ぶ媒体の存在を必要としないのが特徴です。太陽熱が、ほぼ真空である宇宙空間を経て地球上に到達する現象が、放射（輻射）の例です。

熱伝達

熱伝達とは、固体壁とそれに接して流動する流体との間を熱が移動する現象です。これは壁面と流体本体との温度差を駆動力として、流体の熱伝導、流体の流れ、乱流渦などの複合的なメカニズムによる熱の移動になります。この熱伝達も、自然対流熱伝達と強制対流熱伝達に分けることができます。また、沸騰や凝縮といった状態変化を伴う熱移動も含まれます。この熱の伝わり具合を示す係数として、熱伝達率（α）があります。

上記のとおり、熱の伝わり方には、熱伝導、対流伝熱、放射（輻射）、熱伝達の4つがあります。

熱貫流

壁によって隔てられた温度が異なるAとBの部屋があった場合、その壁を通して熱が移動する現象を熱貫流といいます。この熱貫流は、壁の両面の熱伝達と壁の熱伝導の直列結合として考えます。AとBの部屋の温度が一定の場合、熱貫流率と部屋の温度差および壁の面積から、貫流熱量を求めることができます。

熱伝導

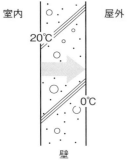

室内　　　　　屋外

20℃

0℃

壁

温度の高い方から低い方に熱が伝わる現象。固体や静止した液体の中では唯一の熱の移動方法

対流伝熱

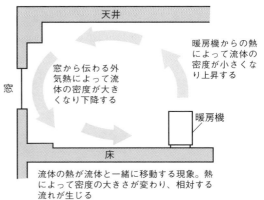

天井

暖房機からの熱によって流体の密度が小さくなり上昇する

窓

窓から伝わる外気熱によって流体の密度が大きくなり下降する

暖房機

床

流体の熱が流体と一緒に移動する現象。熱によって密度の大きさが変わり、相対する流れが生じる

放射（輻射）

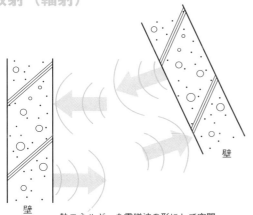

壁

壁

熱エネルギーを電磁波の形にして空間を隔てた面と面の間で移動する現象

熱伝達

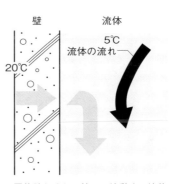

壁　　　　　流体

5℃
流体の流れ

20℃

固体壁とそれに接して流動する流体との間を熱が移動する現象。
流体の複合的なメカニズムによる熱の移動

熱貫流

壁によって隔てられた温度が異なる部屋 A と部屋 B がある場合、その壁を通して熱が移動する現象。部屋 A と部屋 B の温度が一定の場合、次の式より貫流熱量を求めることができる

熱貫流率 K の求め方

$$\frac{1}{K} = \frac{1}{ao} + \frac{L}{\lambda} + \frac{1}{ai}$$

単位 K：W/ ㎡・K（絶対温度）（kcal/ ㎡h℃）

貫流熱量 q の求め方

$q = K \times S\ (\triangle t)$

単位 q：W（kcal/h）

K：熱貫流率　S：壁の面積　△t：部屋 A・B の温度差

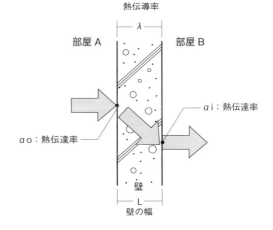

熱伝導率

λ

部屋 A　　　　　部屋 B

ai：熱伝達率

ao：熱伝達率

壁

L

壁の幅

用語解説　**「自然対流熱伝達、強制対流熱伝達」**：自然対流熱伝達は、自然に発生する温度差や圧力差による流体の流れに伴う伝熱。強制対流熱伝達は、送風機またはポンプなどにより強制的に流体に流れを生じさせて行う伝熱。

知っておきたい！音のはなし

空調設備における騒音

騒音とは、①比較的大きい音、②音色などが不快と感じる音、③仕事や勉強を妨害する音、④休養や安眠を妨害する音、⑤音声などを聞くのに支障となる音などの総称をいいます。

空気調和設備における騒音の要素は、送風機、ポンプ、冷凍機、冷却塔、ボイラのバーナなど様々な機器から発生する運転音や振動音のほか、ダクト内や吹出し口などで発生する空気の流動（いわゆる気流または渦流）による音などがあります。さらに、ダクトがこれら各種の音の伝声管のような働きをすることから、室内の騒音は相当なものになることもあります。そのため、音の発生源の特定や音の強さ、大きさ、高低を知ることや、吸音や遮音、防音（消音）の基本的な考え方を知ることは大変重要になります。

たとえば、ダクトから室内へ伝えられる騒音には、送風機から発生する騒音と、ダクト内の直管部、曲管部、分岐部、流量制御装置、ベーン、吹出し口、吸込み口などで気流や振動により発生する騒音とがあります。また、騒音を発生している部屋を通過しているダクトが、その部屋の騒音を拾ってくる場合もあります。一般に、低速ダクトでは、ダクト内で発生する騒音は小さく、送風機から発生する騒音に比べて無視できる場合がほとんどですが、ダクト内の風速が大きい場合や、室内許容騒音が特に小さい場合では、ダクト内発生騒音を無視できない場合もあります。

音に関する豆知識

人間は、空気を媒質として音波が鼓膜を振動させた結果、大脳で知覚した時に音を感じますが、人間の可聴音域である周波数は20Hz～20,000Hzの間のため、人間の耳には聞こえない音も存在します。

周波数は、毎秒の振動数で表示され、Ｈz（ヘルツ）で表されます。また、空気中を伝わる音の速度は温度の影響を受け、気温が高くなると速くなります。さらに、音の速度には周波数と波長の関係があり、周波数が高いほど波長は短くなります。

音の速度＝331.5＋0.6×気温
音の速度＝波長×周波数

その他、音の合成において、ふたつの同じ音が同時に作用した時には「3dB（デシベル）だけ増加する」という特徴があります。また、ある音を聞こうとするときに、ほかの大きな音のために聞きにくくなるマスキングという現象があります。低周波の音は高周波の音をマスクしやすく、反対に高周波の音は低周波の音をマスクしにくいという現象です。さらに、周波数が近い音ほどマスクしやすい傾向にあります。

空調設備における騒音

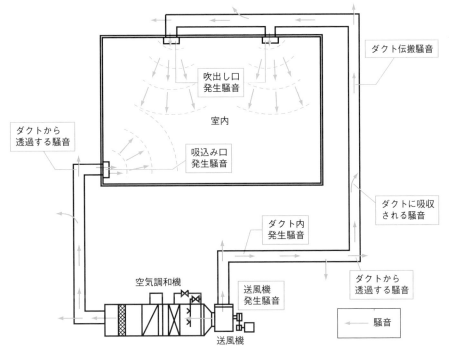

騒音の評価

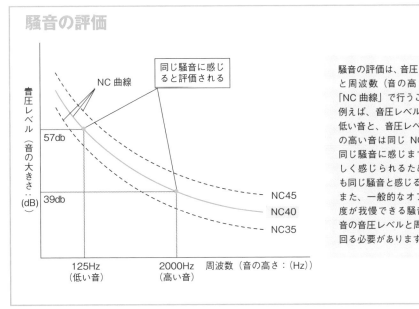

騒音の評価は、音圧レベル（音の大きさ：(dB)）と周波数（音の高さ（Hz））を座標軸とした「NC曲線」で行うことができます。

例えば、音圧レベル57dB、周波数125Hzの低い音と、音圧レベル39dB、周波数2000Hzの高い音は同じNC40の曲線上にあるため、同じ騒音に感じます。人は高い音の方が騒がしく感じられるため、低い音より小さな音でも同じ騒音と感じるのです。

また、一般的なオフィスにおいて、NC40程度が我慢できる騒音とされており、すべての音の音圧レベルと周波数がNC40の曲線を下回る必要があります。

トラブル事例	**「ダクト配管の騒音」**：ある時、事務所ビルの室内で残業していると、ブーンというおなかに響き渡る音のような振動のようなものをかすかに感じました。原因を調べると、送風機出口にあるチャンバーボックスからの低周波騒音でした。騒音を吸収するためのチャンバーボックスの補強が不十分で騒音が発生していたという結果です。

知っておきたい！単位のはなし

SI（国際単位系）が基準

　現在、わが国で使われている単位系は、計量法によりSI（国際単位系）を使用することが定められています。SIは1973年に国際標準化機構(ISO)によって国際規格ISO 1000として承認されました。

　わが国では平成11年（1999年）までに全ての法律にある単位をSIに切り替えることを決め、それまでの期間を従来慣用されていた単位系からSIへの切り替えのための猶予・併用期間としていました。また同時に、SI普及のための一環として、JIS（日本工業規格）などにも規定し、反映させ導入を図ってきています。

　建築の現場では、このSIに切り替わってから既に十数年経ちますが、SI導入以前に竣工した建物の中には、まだ現役で活躍している設備機器がたくさんあります。それら機器の仕様や性能などの表示は、旧単位系に則った表示がされているため保守点検・整備の現場ではこの単位系の変更に伴う数値の換算が大変な場合があり、ともすると混乱の原因にもなりかねません。ここでは、一般に建築設備でよく用いられる単位の換算表を示しておきますので、現場で活用してください。
※各表の最初の単位がSI（国際単位系）です。

仕事量・エネルギーおよび熱量に関する単位

		J （ジュール）	kgf・m （重量キログラム・メートル）	kW・h （キロワット・時）	HP・h（馬力・時）		kcal （キロカロリー）
					メートル法	日本制	
J		1	0.1020	0.000 000 2778	0.000 000 377 7	0.000 000 372 4	0.000 238 9
kgf・m		9.807	1	0.000 002 724	0.000 003 777	0.000 003 652	0.022 343
kW・h		3.6×10^6	3.671×10^5	1	1.360	1.341	860.0
HP・h	メートル法	2.648×10^6	2.700×10^5	0.735 5	1	0.986 0	632.5
	日本制	2.686×10^6	2.739×10^5	0.746	1.014	1	641.6
kcal		4 186	426.9	0.001 163	0.001 581	0.001 559	1

伝熱に関する単位

熱伝導率

	W／（m・K） （ワット／（メートル・ケルビン））	kcal／m・h・℃ （キロカロリー／メートル・時・温度）
W／（m・K）	1	0.860
kcal／m・h・℃	1.163	1

熱伝達率・熱通過率

	W／（㎡・K） （ワット／平方メートル・ケルビン）	kcal／㎡・h・℃ （キロカロリー／平方メートル・時・温度）
W／（㎡・K）	1	0.060
kcal／㎡・h・℃	1.163	1

圧力に関する単位

	Pa （パスカル）	bar （バール）	kgf／cm² （重量キログラム／平方センチメートル）	atm （気圧）	mmH₂O （水柱ミリメートル）	mmHg （水銀ミリメートル）
Pa	1	10^{-5}	$1.019\,716\times10^{-5}$	$9.869\,233\times10^{-6}$	0.101 971 6	$7.500\,617\times10^{-3}$
bar	10^5	1	1.019 716	0.986 923 3	$1.019\,716\times10^4$	750.061 7
kgf／cm²	$9.806\,65\times10^4$	0.980 665	1	0.967 841 1	10^4	735.559 3
atm	$1.013\,25\times10^5$	1.013 25	1.033 227	1	$1.033\,227\times10^4$	760
mmH₂O	9.806 65	$9.806\,65\times10^{-5}$	10^{-4}	$9.678\,411\times10^{-5}$	1	$7.355\,592\times10^{-2}$
mmHg	133.322 4	$1.333\,224\times10^{-3}$	$1.359\,510\times10^{-3}$	1/760	13.595 10	1

動力に関する単位

		kW （キロワット）	m・kgf／s （メートル・重量キログラム／秒）	HP （馬力）	
				メートル法	日本制
kW		1	101.97	1.359 6	1.340 5
m・kgf／s		0.009 806 65	1	0.013 33	0.013.15
HP	メートル法	0.735 5	75	1	0.986 0
	日本制	0.746 0	76.07	1.014 3	1

力に関する単位

	N （ニュートン）	kgf （重量キログラム）	dyn （ダイン）
N	1	0.101 971 6	10^5
kgf	9.806 65	1	$9.806\,65\times10^5$
dyn	10^{-5}	$1.019\,716\times10^{-6}$	1

温度に関する単位

	K （ケルビン）	°C （摂氏）	°R （ランキン）	°F （華氏）
絶対零度	0	− 273.15	0	− 459.67
水の融点	273.15	0	491.67	32

分率に関する単位

単位	量	意味
％	100分の 1	百分率、パーセント
‰	1000分の 1	千分率、パーミル
ppm	100万分の 1	part par millionの略
pphm	1億分の 1	part par hundred millionの略
ppb	10億分の 1	part par billionの略

トラブル事例

「単位」：以前の空気調和の熱負荷計算は、JIS規格によるkcal/hなどの単位が主流でした。現在は計量法によりSIが標準になり、設計する上で常に1m²当たりの熱負荷で検算をします。単位の基準が切り替わったばかりの時は混乱した記憶があります。

打ち水

　昔は夏の昼下がりなどに、玄関先の小路に水をまいて涼を取るという情緒豊かな光景が見られたものでした。最近ではイベントとして、街中で一斉に打ち水をして周囲の気温を下げるといったことが行われているようです。この打ち水によって、約2℃ほど温度を下げる効果があるそうです。

　この打ち水の効果は、水の蒸発作用により周囲の熱を奪うだけではなく、地表面の温度を下げることにより地表面からの放射熱（輻射熱）も軽減しているのです。放射熱（輻射熱）というと難しい言葉のように聞こえるかも知れませんが、人間が冬の寒い屋外にいても太陽の暖かさを感じるのも放射熱（輻射熱）によるものなのです。

　打ち水は、日差しによる道路の照り返しの軽減と周囲の温度を下げることにより涼を楽しむ日本人の智恵だと思います。

空気調和
設備機器

この章では、空気調和設
備機器の種類と役割につ
いて解説します。

空気調和設備機器の種類と役割

空気調和設備機器とは

空気調和設備機器は、大きく空気調和機、熱源機器、搬送機器、空気浄化装置、制御装置に分類され、それぞれの種類と役割は以下のとおりです。

「空気調和機」

空気調和機は、空気の温湿度の調整を行います。おもに中央式と個別式とに分けられます。

「熱源機器」

熱源機器は、空気調和機に使用する冷水や蒸気、温水をつくります。これらの種類には冷房専用、冷暖房用、暖房専用、熱回収装置に分けられます。冷房専用には冷水をつくる冷凍機があります。冷房用と暖房用の両方に対応できる冷暖房用には冷水および温水をつくるヒートポンプや吸収式冷温水機があります。暖房専用には蒸気または温水をつくるボイラ、温風暖房機、熱交換器などがあります。熱回収装置には全熱交換器があります。

「搬送機器」

搬送機器は、空気、冷温水、冷却水、蒸気、冷媒、燃料などを搬送する機器で、空気には送風機、冷温水や冷却水には水用ポンプ、燃料などの油を使う場合にはオイルギアポンプというように、それぞれの流体に対応した機器があります。

「空気浄化装置」

空気浄化装置は、空気中の浮遊粉塵、臭気、汚染物質などの清浄を行います。エアフィルタ、電気集塵器、活性炭フィルタなどがあります。

「制御装置」

制御装置は、空気調和設備が適切に運転されるための装置で、個別に使用される自動制御装置と、空気調和設備全体を中央で監視・制御する中央監視制御装置があります。中央監視制御においては、近年進歩が著しい情報通信技術を利用して、広域的な複数の建物の空調設備を中央で監視・制御する装置も含まれます。

これからの空気調和設備機器

空気調和設備機器は、建物の形状や用途、また立地条件や外的な要因としての気象および環境条件などにより、その選択肢は様々です。

また、建物が建設された当初の設備は最善のものであっても、建物の使用条件が変化したり、省エネルギーやライフサイクルコストといった観点などから再検討を行わなければならなくなることがあります。

今後、要求される空気調和設備もその性能や品質などの点において変化すると思われますが、ここに挙げている空気調和設備機器の基本的な構成を把握しておけば、日常的な保守点検を含めて、今後の建物にとって最善の空気調和設備の構築に役立てることが出来ます。

空気調和設備機器の分類と種類

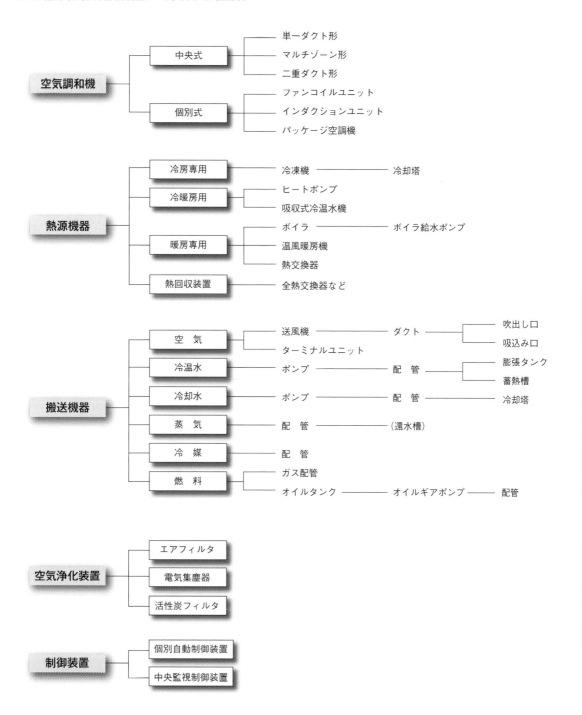

ワンポイント アドバイス	**「エアコンとは」**：「エアコン」は、エア・コントローラー（Air Controller）の略称ではなく、エア・コンディショナー（Air Conditioner）の略称です。空気の状態（Condition）を調和するという意味なのです。

冷凍機とヒートポンプ

冷凍機の原理と種類

　一般に冷凍とは、物あるいは空間の熱を奪い取ることによって、そのまわりの外気よりも低い温度にし、かつこの低温を維持することを意味します。この冷凍を可能にする装置のことを冷凍機と呼んでいます。

　空気調和用に使用されている冷凍機にはおもに右表（上）のような種類のものがあります。原理的には蒸気圧縮式と吸収式に分けられ、蒸気圧縮式冷凍機、吸収式冷凍機、蒸気噴射冷凍機などがありますが、その他の特殊な冷凍方法もあります。

蒸気圧縮式冷凍機の原理

　もっとも代表的な冷凍機である蒸気圧縮式冷凍機の冷凍原理は、液体（冷媒）が蒸発する時の冷却作用を利用するもので、蒸発したガスを圧縮し、常温で凝縮液化（ここでは高圧の状態）させこれを再び低圧部（低い圧力の容器内）に送って蒸発させて冷却作用を行わせます。このように冷媒を繰り返し使用することにより、連続的に冷凍作用を行わせる方式です。このガスを圧縮するために圧縮機を利用して機械的に圧縮する方式を利用したものを蒸気圧縮式冷凍機と呼んでいます。

　一方、冷媒が凝縮する時に発生した熱を利用したものをヒートポンプと呼んでいます。蒸気圧縮式冷凍機では、蒸発器で水や空気から熱を奪って、凝縮器では熱を放出していますが、この凝縮器での放熱を暖房用に使用するものがヒートポンプ（heatpump）です。ヒートポンプでは採熱源が必要なため、外気や熱源水から採熱して、空調用の空気や温水を加熱します。ヒートポンプは冷凍機の冷凍作用の原理を利用して、温熱源と冷熱源の両方を利用できる機構をもつものです。冷媒の流れを変える、いわゆる冷凍サイクルを切り替えることによって冷房と暖房の両方に利用できます。

　電気冷蔵庫や家庭用空調機（ルームエアコン）は、蒸気圧縮式冷凍機の代表例で、圧縮機、凝縮器、膨張機構（膨張弁など）、蒸発器およびそれらを結ぶ配管により蒸気圧縮冷凍サイクルが構成されています。図中のアキュムレータ、リキッドタンク、ドライヤなどは補助部品です。

成績係数（COP）

　ここで、成績係数（COP：Coefficient Of Performance）について触れておきます。

　成績係数は冷凍機の冷房能力（または暖房能力）と消費エネルギーの熱量換算値との比をいい、冷房運転時および暖房運転時の成績係数 εc，εh は、右ページ下の計算式で表されます。この数値が高ければ高いほど性能が良いとされています。

空調用冷凍機の種類

方　式	種　類		おもな使用冷媒※	容　量	適　用
蒸気圧縮式	往復動（レシプロ）式冷凍機		R410A	小・中	パッケージ空調機 チリングユニット
	回転式冷凍機	ロータリー式冷凍機	R410A	小	ルームエアコン パッケージ空調機
		スクロール式冷凍機	R410A	小	ルームエアコン パッケージ空調機
		スクリュー式冷凍機	R410A	中・大	チリングユニット パッケージ空調機
	遠心（ターボ）式冷凍機		HFC-245fa	大	―
	エゼクタ型	蒸気噴射冷凍機	水	―	10〜30℃冷水製造
吸　収　式	吸収式冷凍機 吸収式冷温水機（直焚式）		H₂O （吸収剤LiBr臭化リチウム）	中・大	―

※　R410A：液化高圧ガス
　　HFC-245fa：不燃性の化合物

蒸気圧縮式冷凍機の冷凍原理

ヒートポンプの冷凍サイクル

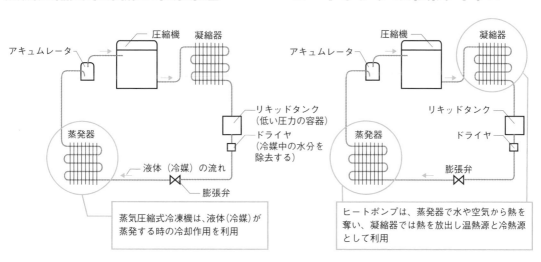

蒸気圧縮式冷凍機は、液体（冷媒）が蒸発する時の冷却作用を利用

ヒートポンプは、蒸発器で水や空気から熱を奪い、凝縮器では熱を放出し温熱源と冷熱源として利用

成績係数（COP）の表し方

SI 単位

冷房運転時　$\varepsilon_c = \dfrac{qc}{W}$

暖房運転時　$\varepsilon_h = \dfrac{qc}{W}$

旧単位

$\varepsilon_c = \dfrac{qc}{860W}$

$\varepsilon_h = \dfrac{qc}{860W}$

	SI 単位　（旧単位）
qc：冷房能力	kw　（kcal/h）
qh：暖房能力	kw　（kcal/h）
W：消費電力	kw　（kW）

用語解説　「アキュムレータ」：アキュムレータは、冷凍サイクル内を循環する冷媒を貯留する冷媒容器、およびその冷媒容器を用いて冷媒を気体と液体に分離する気液分離器のこと。これにより、圧縮機へ液冷媒が入ること防ぐ。

冷凍機の構成とサイクル

蒸気圧縮式冷凍機の構成とサイクル

蒸気圧縮式冷凍機は、圧縮機、凝縮器、蒸発器などで構成されています。圧縮機の種類には、往復動（レシプロ）式圧縮機、ロータリー式圧縮機、スクロール式圧縮機、スクリュー式圧縮機、遠心（ターボ）式圧縮機などがあり、それぞれ電気またはエンジンなどの動力を必要とします。

冷凍機内には、適度な温度と圧力で蒸発、凝縮する冷媒（refrigerant）と呼ばれる物質が封入されています。

蒸発器で冷媒液を蒸発させると、周囲から熱を奪って冷凍作用が行われます。注射をする時、アルコール消毒液を腕に塗った時に涼しさを感じるのと同じ原理です。なお、一般に液体は圧力が下がると沸点も下がるため、冷媒液が蒸発しやすいように、蒸発器内の圧力は低く保たれています。

蒸発した冷媒は再び凝縮させて液体に戻さなければなりません。そこで、蒸発した冷媒ガスは圧縮機を経て加圧され、凝縮させるために凝縮器に送られます。ここで、凝縮に際して放出される潜熱を冷却します。この冷却には、冷却塔によって外気に放熱し、循環させる冷却水や、直接外気との熱交換を行う冷却装置を使用します。このときの冷却水や外気は比較的高温なので、高温でも凝縮するように冷媒ガスの圧力を高くしておきます。

次に、冷媒ガスを液体に戻して蒸発器に送るために、膨張弁を通して断熱膨張（圧力を降下させる）させます。

冷凍機は、このサイクルを繰り返すことにより蒸発器で冷水を作り出していきます。

このサイクルの中で、冷媒ガスの加圧を圧縮機で機械的に行うのが蒸気圧縮式の冷凍機です。

吸収式冷凍機の構成とサイクル

吸収式冷凍機は、再生器、凝縮器、蒸発器、吸収器などで構成されていて、圧縮機を使用しないので大きな動力を必要としません。但し、加熱用の熱源として、蒸気または温水のボイラが必要となります。また、これらとは別に、熱源に燃料をじかに焚いて使用する直焚式のものもあります。

吸収式冷温水（冷暖房）機は、吸収式冷凍機と原理はほとんど同じですが、冷水と温水を同時または切り換えて取り出すことができるもので、冷房と暖房の両方の熱源として利用することができます。

吸収式の冷凍機では、蒸発した冷媒を吸収液に吸収し、これを加熱することにより冷媒ガスを沸騰させ、吸収液から分離することによって圧力を高めることができます。この方法を用いたものが吸収式冷凍機です。

蒸気圧縮式冷凍機の構成とサイクル

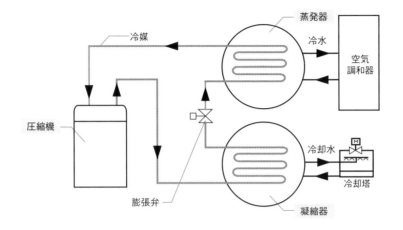

吸収式冷凍機の構成とサイクル

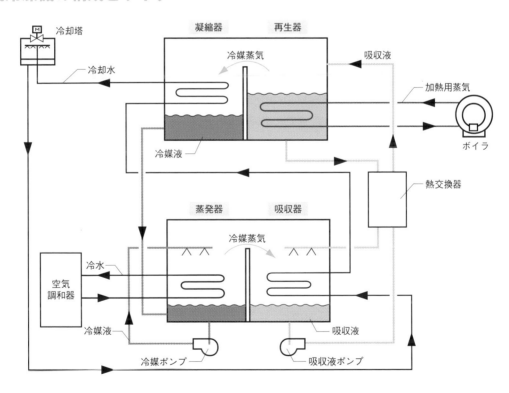

用語解説	**「吸収液」**：吸収式冷凍機の吸収液には臭化リチウム水溶液を用い、このときの冷媒には水を使う。蒸発器では水（冷媒）を蒸発させて冷凍作用を行う。ここで蒸発した水蒸気が、吸収器で吸収液によって吸収される。

蒸気圧縮式冷凍機の種類

　代表的な蒸気圧縮式冷凍機の種類には、大きく往復動（レシプロ）式冷凍機、回転式冷凍機、遠心（ターボ）式冷凍機の３つに分けられます。

往復動（レシプロ）式冷凍機

　往復動（レシプロ）式冷凍機は、冷凍機として最も古くから使用されており、冷凍、冷蔵、空調、ヒートポンプなど民生用から産業用までさまざまな用途に使用されています。使用されている冷媒のほとんどはフロン系のものです。往復動（レシプロ）式冷凍機で使われる往復動（レシプロ）圧縮機は、シリンダ内においてピストンの往復運動により冷媒ガスを圧縮する方式で、小型から比較的大型の機種まで広く使用されてきた実績豊富な機種です。

　動力には電動モータのほか、ヒートポンプではガスエンジンを動力とし、その廃熱を利用して暖房効率を高めたものもあります。

回転式冷凍機

　回転式冷凍機は、回転式圧縮機を使用する冷凍機をいい、電動機の回転運動を往復運動に変換せず、そのまま圧縮作用に利用します。代表的なものに、ロータリー式圧縮機、スクロール式圧縮機、スクリュー式圧縮機があります。これらの回転式圧縮機に共通していることは、吸込み弁が不要で高効率運転ができることと、高速回転に適しているので、圧縮機

本体が小型化され、振動も少ないことです。製造上高い精度が必要とされますが、近年では加工技術の進歩による実用化が広まり、用途によっては往復動式に取って代わる傾向にあります。

　ロータリー式圧縮機は、シリンダ内を偏心したローラが回転することにより、羽根（ベーン）で高圧と低圧に仕切られた冷媒ガスを圧縮する機構のものです。スクロール式圧縮機は、同一形状のふたつの渦巻き体の一方を固定し、もう一方を円運動（相対的には揺動運動）させることにより、圧縮室の体積を小さくし、冷媒ガスを圧縮するものです。スクリュー式圧縮機は、２本のねじ状のロータを持ち、オスロータを電動機で駆動すると、メスロータもこれに伴って回転し、ロータ間のすきまの容積変化によって冷媒ガスを圧縮するものです。

遠心（ターボ）式冷凍機

　遠心（ターボ）式冷凍機は、遠心ポンプと同じように羽根車の回転によって生じる遠心力で羽根車内の冷媒蒸気を外周部へ吐出し、冷媒ガスの圧縮を行います。羽根車の入口は冷媒ガスの吸込み口となり、蒸発器から冷媒ガスを吸引し、凝縮器に送り出します。蒸発器では冷水など冷やそうとするものから奪った熱で冷媒を蒸発させ、遠心ポンプにより冷媒ガスを圧縮、冷却、液化させ、またその液を蒸発器にもどして、冷却作用を続けるものです。

往復動（レシプロ）式圧縮機の仕組み

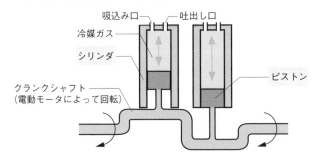

吸込み口　　吐出し口

冷媒ガス

シリンダ

クランクシャフト
（電動モータによって回転）

ピストン

クランクシャフトの回転運動によりピストンが上下に動きシリンダ内の冷媒ガスを圧縮させる

回転式圧縮機の仕組み

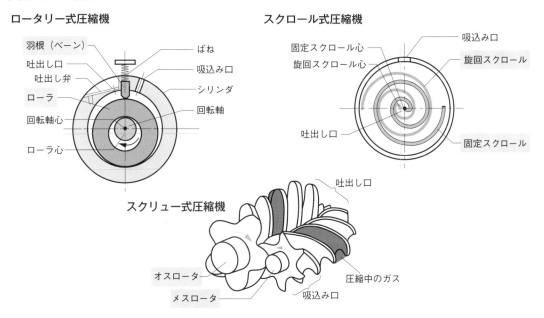

ロータリー式圧縮機

羽根（ベーン）

吐出し口

吐出し弁

ローラ

回転軸心

ローラ心

ばね

吸込み口

シリンダ

回転軸

スクロール式圧縮機

固定スクロール心

旋回スクロール心

吐出し口

吸込み口

旋回スクロール

固定スクロール

スクリュー式圧縮機

吐出し口

オスロータ

メスロータ

圧縮中のガス

吸込み口

遠心（ターボ）式冷凍機の仕組み

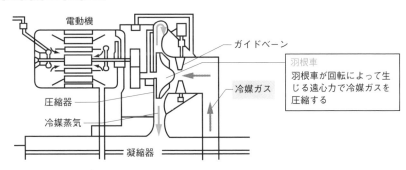

電動機

ガイドベーン

羽根車
羽根車が回転によって生じる遠心力で冷媒ガスを圧縮する

冷媒ガス

圧縮器

冷媒蒸気

凝縮器

用語解説	**「遠心ポンプ」**：ポンプの種類のひとつで、渦巻きポンプと案内羽根を有するディフューザポンプ（タービンポンプ）とに分かれる。どちらも、羽根車をケーシング内で回転させて液体にエネルギーを与え、圧力に変換する。

吸収式冷凍機の種類（１）

吸収式冷凍機の構成と分類

　吸収式冷凍機は、蒸気や温水などを熱源とし、蒸発器、吸収器、再生器、凝縮器、熱交換器などで構成されています。

　機能による分類では、冷水供給専用のもの、冷水供給と温水供給兼用のもの、冷水と温水同時供給のもの、温水供給専用のもの（ヒートポンプ）があります。

　冷凍サイクルによる分類では、単効用（一重効用）吸収式冷凍機、二重効用吸収式冷凍機、一重・二重効用併用型（排熱温水利用）吸収式冷凍機があります。単効用（一重効用）式は古くからありましたが、成績係数（ＣＯＰ）が低く、現在ではほとんど二重効用式が主流になりつつあります。一重・二重効用併用型は、コージェネレーションシステムから出てくる排熱温水を加熱源として利用できる時は一重効用として冷水を作り、排熱量が不足した時には直焚きの二重効用サイクルと併用して冷水を作り出します。

　加熱源には、都市ガス、液化石油ガス（ＬＰＧ）、蒸気、温水、排ガス、複数の熱源を持つもの、太陽熱などがあります。

　設置場所による分類では、屋内型、屋外型に分けられ、冷却方式による分類では、水冷式、空冷式に分けられます。

冷媒と吸収剤

　吸収式冷凍機の冷媒には水が、吸収剤には臭化リチウム（LiBr）水溶液がおもに使用されています。臭化リチウムは、アルカリ金属であるリチウム（Li）とハロゲン族の臭素（Br）の化合物で、吸湿性が強く、分解や揮発もしない安定した物質です。また、食塩（NaCl）と非常によく似た性質を持っており、水にきわめて溶けやすく、常温でも約60%溶解します。

二重効用吸収式冷凍機の冷凍サイクル

　標準的な二重効用吸収式冷凍機の冷凍サイクルと、単効用吸収式冷凍機のサイクルとの違いは、二重効用吸収式冷凍機の再生器および溶液熱交換器が、高温・低温それぞれに分かれていることです。

　高温再生器には0.3 ～ 0.9MPaの蒸気、あるいは150 ～ 190℃の高温水が供給され、吸収器から送られてくる希溶液を加熱しています。ここで吸収液は150 ～ 155℃に温度上昇し、約98℃（飽和温度）の冷媒蒸気が発生します。単効用サイクルでは、再生器での冷媒蒸気温度は45℃前後なので、そのまま凝縮器で冷却水により冷却・凝縮されます。二重効用サイクルでは温度の高い冷媒蒸気の熱量をそのまま冷却水に捨てずに、下段の低温再生器に導いて吸収液の再加熱の熱源として使用しています。

　このように、高温再生器に加えた熱源が、高温再生器と低温再生器の加熱源として2段階で利用されるので「二重効用サイクル」といわれるのです。

吸収式冷凍機の種類

名　称	冷媒	吸収剤(溶液)	冷凍サイクル	冷凍容量範囲(kW)	熱源の種類	供　給		備　考
						冷水	温水	
単効用吸収式冷凍機	水	臭化リチウム水溶液	単効用(一重)	320 ～ 7000	蒸気(＜0.3MPa)	○	―	
					高温水(80 ～ 150℃)	○	―	
二重効用吸収式冷凍機			二重効用	350 ～ 10000	蒸気(0.3 ～ 0.9MPa)	○	―	
					高温水(150 ～ 190℃)	○	―	
吸収式冷温水機(単効用小型)			単効用(一重)	10 ～ 35	都市ガス・灯油	○	○	冷水・温水同時供給型などもある
吸収式冷温水機(小型)			二重効用	20 ～ 186	都市ガス・灯油	○	○	
吸収式冷温水機(大型)			二重効用	≧186	都市ガス・灯油・A重油	○	○	
排ガス吸収式冷温水機			単効用(一重)／二重効用／一重・二重効用併用	175 ～ 1800	プロセスからの排ガス	○	○	
吸収ヒートポンプ			単効用(一重)／二重効用／一重・二重効用併用	100 ～ 1800	蒸気・高温水・都市ガスほか	△	○	

△：使われないこともある

二重効用吸収式冷凍機の冷凍サイクル

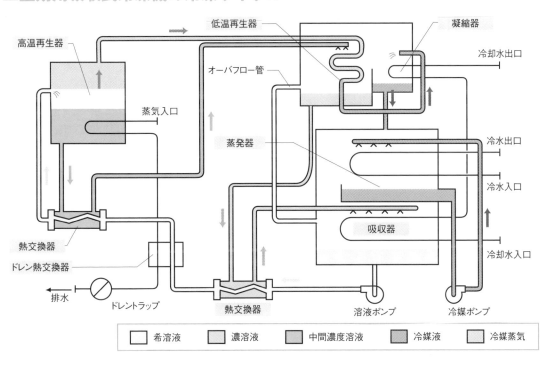

用語解説

「希溶液」：吸収式冷凍機の冷媒には水を、その水を吸収する吸収液には臭化リチウム水溶液を使用する。希溶液は、臭化リチウム水溶液に冷媒である水が吸収されて、臭化リチウム水溶液の濃度が薄くなった状態のもの。

吸収式冷凍機の種類（2）

吸収式冷温水機の構成と分類

吸収式冷温水機の原理は、吸収式冷凍機とほとんど同じですが、冷水と温水を同時または切り換えて取り出すことができることが吸収式冷凍機との違いです。

なかでも直焚式吸収式冷温水機は、夏季に冷水を、冬季に温水を1台でまかなうことができるのが最大の特徴です。従来の熱源機器は、吸収式冷凍機とボイラの組合せで冷暖房を行っていたものが1台で可能となるため、据付面積が小さくなることや、保守点検で機器点数が減るなどのメリットがあります。

近年の直焚式吸収式冷温水機は、比較的小規模のものから大規模のものまで、幅広い性能範囲のものがあります。小規模のものは、冷凍容量が186kW未満のもので、冷凍サイクルや構成機器は基本的に同じですが、屋外設置型のものもあります。

加熱源として、気体燃料では都市ガス（ＬＮＧを含む）、液化ガス（ＬＰＧ・ブタンなど）、その他のガスが使用されますが、排ガスを加熱源にすることもあります。液体燃料では灯油、Ａ重油が使用されますが、硫黄分の多いＡ重油は低燃焼時に炉内に煤などが溜まり、煙管掃除の頻度が多くなるなど弊害もあります。大都市部においては、都市ガスを用いるものが大半です。

燃焼部の構造は炉筒煙管構造になっています。冷凍サイクルは二重効用が主で、単効用は小容量の一部に限られており、冷凍サイクルのほとんどは二重効用吸収式冷凍機と同じ構造です。

また、温水を取り出す方法には、吸収器＋凝縮器から温水を得る方法、別置きの温水熱交換器から温水を得る方法、蒸発器から温水を得る方法の3種類の方法があります。いずれの場合でも、冷房・暖房運転の切り替えは、機器内の冷媒・吸収液の切替弁を操作して行われます。

使用上・運転管理上の注意点

吸収式冷温水機の使用上・運転管理上の注意点としては、性能・機能・耐久性などに大きく影響を及ぼす機器内の真空状態の保持をしっかりと管理する真空管理、吸収液に腐食抑制剤を添加してアルカリ度をしっかり管理する吸収液管理、冷却水系の腐食防止やスケール・スライム防止のための適切な水処理剤の添加などの水質管理があり、さらに、伝熱管などは定期的な洗浄の実施も必要です。また、燃焼設備の管理は、燃焼装置および燃料系統など安全装置や安全機器の点検・清掃などが重要です。

定期点検やオーバーホールといった適切な整備を実施することにより、機器の性能・機能・耐久性などを十分に引き出すことができます。

直焚式吸収式冷温水機の外観

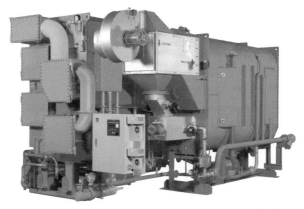

（写真提供：荏原冷熱システム株式会社）

炉筒煙管構造

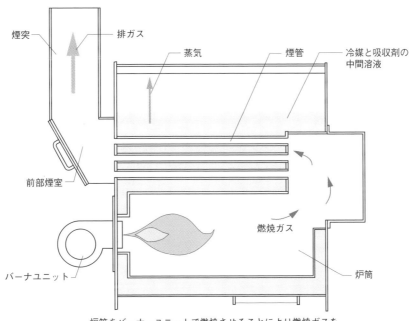

煙突　排ガス　蒸気　煙管　冷媒と吸収剤の中間溶液

前部煙室

バーナユニット

燃焼ガス

炉筒

炉筒をバーナーユニットで燃焼させることにより燃焼ガスを
発生させる。燃焼ガスが煙管を流動し、中間溶液を加熱する

ワンポイントアドバイス

「使用上・運転管理上の注意点」：省エネ効果を期待して、吸収式冷温水機の冷水の出口温度
などの設定値を変更したのですが、機器本体の仕様を無視した運転となり、結果として機器
の劣化を早めたしまった例が報告されています。やはり、メーカーの専門家とともに取り組
む必要がありそうです。

冷却塔の仕組みと種類

冷却塔(クーリングタワー: cooling tower)は、冷凍機の中の凝縮器から発生する排熱を冷却水により冷却し、その冷却水が保有している排熱を外気に放出する装置です。

開放式冷却塔

開放式冷却塔では、冷却水を冷却塔上部にある散水器から下部にある充填材の表面に滴下させます。一方、上部にある送風機により下部から上部へ向かう空気の流れを作ります。この際、空気が充填材表面に付着した水に接触することにより水の一部が蒸発し、その潜熱によって水温が下がります。こうして冷却水が作られ、冷凍機との間で循環させるのです。

水の冷却はおもに蒸発によるものなので、理論的には、水温は下部から入ってくる入口空気の湿球温度まで下げることができますが、実際にはそこまで下がらないので、冷却塔出口水温(右図左上では冷却水出口)と入口空気湿球温度(右図左上では下部ルーバ附近)の差(アプローチ)を4～5℃に設計しているものが多く、例えば東京では、入口空気湿球温度の設計値は27℃に設定し、アプローチを4℃、冷却塔出口水温は31℃という設計が一般的です。

開放式冷却塔では、水の蒸発や気流による飛散で冷却水が減少するため、補給水が必要になります。また、空気と直接接触するため、大気中の亜硫酸ガスなどが水中に溶解し、これが水の蒸発によって濃縮されて冷却水が酸性になり、機器や配管の腐食を招く恐れがあります。これを防ぐために、定期的な点検や清掃を行い、水の一部を取り替えたり、水処理を行います。定期的な点検や清掃は、藻の発生やレジオネラ菌の繁殖を防ぐ意味もあります。

密閉式冷却塔

密閉式冷却塔は、冷却水が空気と直接接触しないように、充填材の代わりに冷却コイルを設けてその管内に冷却水を流し、これとは別に空気流と接触する散布水を冷却コイルに散布して循環させる方式です。そのため、循環している冷却水は直接外気と触れることはなく、開放式冷却塔の弱点を補う方式といえます。

また、冷却水に不凍液を用いることにより寒冷地で使用することもできます。

向流型冷却塔と直交流型冷却塔

向流型冷却塔と直交流型冷却塔の違いは、水と空気の接触方向の違いによります。向流型冷却塔は、水が流下する方向に対して正面から空気の流れが向き合う形のものです。一方、直交流型冷却塔は、水が流下する方向に対して空気の流れが横方向から流れ込んでくるものです。なお、開放式、密閉式それぞれに、向流型、直交流型があります。

開放式冷却塔

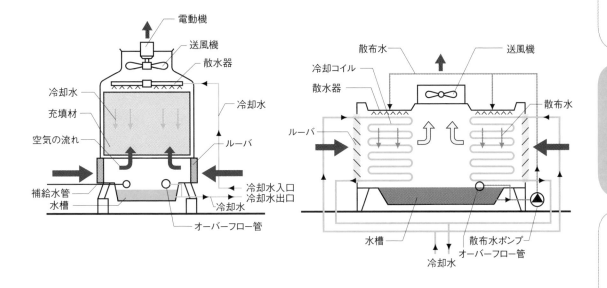

電動機
送風機
散水器
冷却水
充填材
空気の流れ
冷却水
ルーバ
補給水管
水槽
冷却水入口
冷却水出口
冷却水
オーバーフロー管

密閉式冷却塔

散布水
送風機
冷却コイル
散水器
散布水
ルーバ
水槽
散布水ポンプ
オーバーフロー管
冷却水

開放式向流型冷却塔と開放式直交流型冷却塔

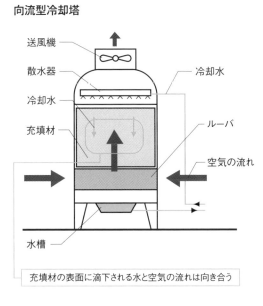

向流型冷却塔

送風機
散水器
冷却水
冷却水
充填材
ルーバ
空気の流れ
水槽

充填材の表面に滴下される水と空気の流れは向き合う

直交流型冷却塔

散水器
送風機
冷却水
ルーバ
空気の流れ
充填材
水槽
冷却水

充填材の表面に滴下される水と空気の流れは直交する

トラブル事例	**「レジオネラ菌の繁殖」**：通常は土壌に生息するレジオネラ菌が、何らかの原因で建物の冷却塔に入り繁殖した後に霧散され、近くにあった外気取入口から取入れられ、空調機を経て建物内に輸送されることがあります。近年では、24時間風呂でもこの菌の繁殖が問題となりました。

ボイラの原理と仕組み

空気調和機器用のボイラは、蒸気発生用および温水加熱用として、いろんな種類のものが用いられていますが、一般ビルなどでは、真空式温水器、鋳鉄ボイラ、炉筒煙管ボイラが多く用いられています。

真空式温水器・鋳鉄ボイラ・炉筒煙管ボイラ

真空式温水器は、胴内上部の蒸気室に、温水管や給湯管を設け、下部の炉筒での燃焼により蒸発した熱媒水の蒸気が蒸気室の温水管や給湯管の外面で凝縮して、管内の温水を加熱する仕組みです。この蒸気室内の圧力は抽気装置により常に大気圧以下に減圧されており、安全性が高く耐食性も良好です。

真空式温水器は、常に大気圧以下での運転になるため、吸収式冷温水機と同様にボイラの扱いとはならず、労働安全衛生法による取扱資格者も不要です。従って、「ボイラ」とは呼ばずに「温水器」と称しています。

鋳鉄ボイラは、いくつかの鋳鉄製のセクションに分かれて組み立て、構成されているため、セクショナルボイラとも呼ばれています。必要な発熱容量に応じてこのセクションを組み合わせて使用されます。地下のボイラ室などに分割して搬入することが可能で、耐食性は良好ですが、高圧では使用できません。鋼鉄製ボイラに比べて、急激な温度変化に弱い性質があるので、一般にボイラ入口と出口の温度差が5～10℃程度となるように、

温水循環ポンプの容量を決定します。

炉筒煙管ボイラは、横形の胴内に燃焼が行われる炉筒と燃焼ガスが通る煙管を持っています。外形寸法が大きく、据付面積や搬入口が大きくなりますが、丸ボイラとしては最も効率がよく、取り扱いも容易なため、中規模以上の空調用ボイラとして広く普及しています。

ボイラの仕組みと規制

一般的に、ボイラの燃料には重油・灯油・LPガス・都市ガスなどが用いられ、ばい煙、硫黄酸化物および窒素酸化物に対する規制が行われています。燃料の燃焼にはバーナが用いられ、燃焼に必要な空気は送風機で強制的に供給されます。また、ボイラには給水装置が用いられます。蒸気ボイラでは、缶内の水位を一定に制御することが安全上特に必要になります。温水ボイラでは、缶内に水が充満しているので水位の調整は不要で、温水の循環だけを行います。

ボイラは、労働安全衛生法に基づくボイラおよび圧力容器安全規則により、設置・定期検査・取り扱いが規制されています。一定以上の伝熱面積・最高圧力のものの取り扱い・保安監督は、ボイラ技士免許所持者・ボイラ取扱技能講習修了者・ボイラ取扱業務特別教育修了者が、整備はボイラ整備士が行うこととなっています。

空気調和機器用ボイラの種類と適用

種 類	容 量	圧 力	適 用
真空式温水器	126 ～ 20930（MJ／h）	0.49（MPa）(50mAq)	ビル用、産業用
鋳鉄ボイラ	0.1 ～ 5（t／h）	蒸気～ 0.098（MPa）(1.0kgf／㎠G)	ビル用
		温水～ 0.49（MPa）(50mAq)	
炉筒煙管ボイラ	0.2 ～ 24（t／h）	1.57（MPa）(16kgf／㎠G)	ビル用、産業用
鋼板製立て型ボイラ	126 ～ 1260（MJ／h）	～ 0.098（MPa）(10mAq)	ビル用、住宅用
小型貫流ボイラ	0.1 ～ 1.5（t／h）	0.196 ～ 19.6（MPa）(2 ～ 20kgf／㎠G)	産業用
水管ボイラ	1 ～ 3000（t／h）	0.392 ～ 34.3(MPa)(4 ～ 350kgf／㎠G)	産業用、発電用、地域冷暖房

真空式温水器の仕組み

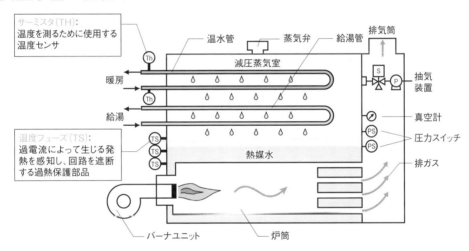

鋳鉄ボイラ（セクショナルボイラ）の仕組み

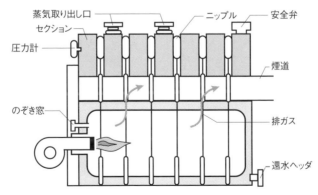

セクションの組み合せによりボイラの容量・能力を増減させることができる

用語解説	「**ばい煙、硫黄酸化物、窒素酸化物に対する規制**」：大気汚染防止法（最終改定令和２年６月５日法律第39号）により、汚染物質や排出基準などについて細部にわたり規制されている。また、各都道府県は、この法律に基づきこの法律よりも厳しい基準を条例で定めることができる。

蓄熱槽の目的と種類

空気調和機器における蓄熱の目的は、瞬時の熱負荷をまかなうために、様々な方法により熱エネルギーを蓄えて熱エネルギーの需給を調整することです。

蓄熱の形には顕熱、潜熱、化学反応熱およびこれらの混合を利用する方法がありますが、空気調和機器では、物質の顕熱・潜熱を利用して熱エネルギーを直接的に取り扱う方法が多く用いられています。

蓄熱体の基本的な条件は、熱の出入りが容易であることで、単位体積当たりの熱容量が大きいことや、安定性と安全性を有していることも重要な条件です。

水蓄熱方式

水蓄熱方式は、建物最下部の床下基礎部分を構造上二重スラブとして、この空間に水を蓄えて蓄熱槽として利用する方式が一般的です。比較的安価に構築できる最も一般的な蓄熱方式です。

理想的な水蓄熱方式の蓄熱槽は、槽内の水の流れが一方から他方へ完全に押し出される完全押し出し流れや、水の温度による比重差を利用して上下の温度成層流れになることです。しかし実際は、流れによどみができて流れにくかったり、温度成層を形成するはずが高温部と低温部が混ざり合って有効に利用できる部分が少なくなったり、温度差が保てなくなったりするなど、理想的な蓄熱槽の構築が困難な場合もあり、現在いくつかの方式が構築されています。

また、二重スラブは蓄熱槽に利用されるほか、湧水槽や排水槽などにも利用されるため、漏水に対する配慮が必要で、構造的には、断熱および防水工事も必要かつ重要になります。

氷蓄熱方式

氷蓄熱方式の特徴は、潜熱の利用による蓄熱方式のため、蓄熱槽が小型化され、ユニット型としての製品化により建物の屋上などに設置が可能になったことです。また、このことにより、蓄熱の採用領域が拡大しました。

蓄熱槽の配管回路

蓄熱槽の配管回路には、直接式と間接熱交式とがあります。

直接式の場合には、配管の高さが高くなり、その結果、配管内が真空になったり気体と液体が分離するなどの障害が発生する場合があり、その防止のために還水管に圧力保持弁を設け、満水還水方式にする必要があります。

間接熱交式は、熱交換器で蓄熱槽と負荷側配管とを分離した方式です。熱交換器での温度ロスが生じるため、設計では特に注意が必要になります。

管理上では、両方式とも機器の腐食や損傷を避けるための適切な水処理など、水質管理が非常に大切になります。

蓄熱の方法

蓄熱	熱エネルギー	顕熱の利用	液 体
			固 体
		潜熱の利用	相変化
			転 移
	化学エネルギー	化学反応熱の利用	—
		希釈熱の利用	

蓄熱槽の方式

連通管式

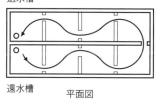

送水槽

還水槽　　平面図

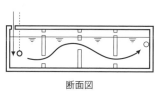

断面図

改良もぐりぜき式

→ 冷水流入　　→ 温水流入

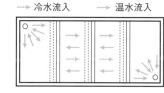

平面図

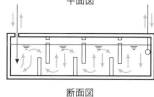

断面図

配管誘導式

→ 冷水流入　　→ 温水流入

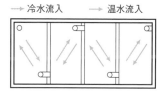

平面図

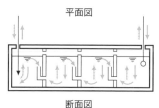

断面図

蓄熱槽の配管回路

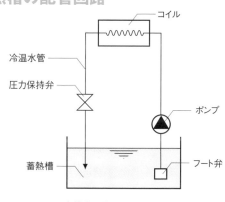

直接式回路システム

蓄熱槽部分が開放されているため、
水質が回路全体に影響をおよぼす

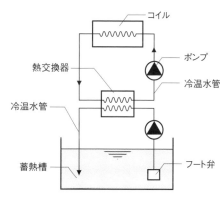

間接熱交式回路システム

熱交換器を用いることによって
水質の影響が限定的になる

ワンポイント アドバイス	**「蓄熱槽内の水質管理」**：蓄熱槽内を循環する水は、空気と接している面積が大きいため空気中の酸素が溶け込みやすく、埃なども通気管などを通して入ってきます。このため、機器の腐食や損傷を避けるために、汚れや酸性度などの水質を管理する必要があるのです。

ポンプの種類

ポンプの原理と種類

ポンプは、外部からの動力の供給により流体にエネルギーを与え、低水位または低圧力の状態にある流体を、高水位または高圧力のところに送る機械です。外部動力には、おもに電動機が用いられており、非常用には内燃機関が用いられることもあります。

ポンプを作動原理の面から分類すると、大きくターボ型、容積型、特殊型の3つの型に分けられ、建築設備においては、ターボ型の渦巻きポンプがよく用いられます。

ターボ型は、羽根車をケーシング内で回転させ、流体に運動エネルギーを与えてこれを圧力に変換するもので、遠心ポンプ、斜流ポンプ、軸流ポンプに分類されます。さらに、遠心ポンプは、渦巻きポンプ、ディフューザポンプに細分化されます。

容積型は、往復ポンプと回転ポンプに分類されます。その中で回転ポンプには、建築設備で灯油や重油などの送油用に使われる歯車ポンプがあります。

ポンプの特性は、使用する回転数における水量（吐出し量）、揚程、軸動力およびポンプの効率で表されます。

一般にポンプの選定は、水量と揚程（全揚程）とによって行われます。吸込み側の押込み圧力による耐圧や、流体の温度にも注意が必要です。

ポンプの吐出し水量の制御は、吐出し弁による制御やポンプの台数による制御が用いられますが、近年では、電動機の速度を制御するインバータによる回転数の制御も用いられるようになっています。

空気調和設備用ポンプの種類

空気調和設備に用いられる各種ポンプの中で、冷温水や冷却水の循環などには、一般にターボ型の渦巻きポンプが用いられます。その主な特徴は、ポンプの効率が水量の広範囲にわたって良好であること、揚程曲線が右下がりのなだらかな曲線であること、締切（バルブを締めて水量が0の時）動力が低く、水量の増大に伴って軸動力が増加することなど、全般的に効率のよいポンプであるといえます。

その他には、循環系統の規模や設置スペースなどにより、横型ポンプ、ラインポンプ、縦型ポンプなどが用いられる場合もあります。

ボイラ給水用には、低圧ボイラでは水封式真空ポンプが用いられます。これは容器内から気体を排出して真空状態にし、凝縮水を吸い上げてボイラに戻すためのポンプです。

また、高圧ボイラでは多段遠心ポンプが用いられます。灯油や重油の送油には、歯車ポンプ（オイルギヤポンプ）が用いられます。

ポンプの種類

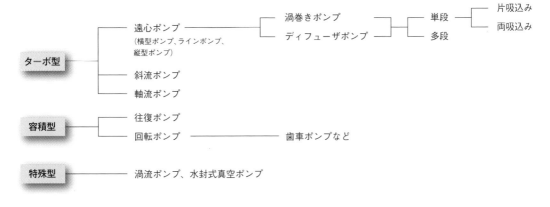

```
ターボ型 ─┬─ 遠心ポンプ ──────┬─ 渦巻きポンプ ──────┬─ 単段 ─┬─ 片吸込み
          │   (横型ポンプ、ラインポンプ、  └─ ディフューザポンプ      │        └─ 両吸込み
          │   縦型ポンプ)                                          └─ 多段
          ├─ 斜流ポンプ
          └─ 軸流ポンプ

容積型 ─┬─ 往復ポンプ
        └─ 回転ポンプ ──────── 歯車ポンプなど

特殊型 ──── 渦流ポンプ、水封式真空ポンプ
```

空気調和設備で用いられる代表的ポンプ

ターボ型渦巻きポンプ

羽根車をケーシング内で回転させ、流体に運動エネルギーを与えて圧力に変換するポンプ

（写真提供：株式会社川本製作所）

水封式真空ポンプ

容器内から気体を排出して真空状態にし、凝縮水をボイラに戻すためのポンプ

（写真提供：株式会社イワキ）

多段遠心ポンプ

羽根車が複数あり、高い作業効率と長い寿命をもつターボ型のポンプ

（写真提供：株式会社川本製作所）

歯車ポンプ

歯車の噛み合わせを利用して灯油や重油の送油に用いられるポンプ

（写真提供：株式会社イワキ）

| 用語解説 | 「揚程」：ポンプが水を揚げる高さのこと。実揚程は、吸込み揚程（吸込み水面からポンプの中心までの高さ）と吐出し揚程（ポンプの中心から吐出し後の最高の高さ）の和で、全揚程は、実揚程に配管や弁などの摩擦損失分を加えたもの。 |

ポンプの揚程と特性

ポンプの揚程

ポンプにおける水の全圧力の上昇を水頭（水が上がる高さ）で表したものが揚程（全揚程）と呼ばれ、実揚程と損失揚程と吐出し速度水頭の合計値となります。

右図（上）のようにポンプで水を押し上げる揚水配管の場合の実揚程は、吸込み実揚程と吐出し実揚程の合計値になります。すなわち吸込み水面と吐出し水面の高さの差（m）になります。

損失揚程（損失水頭）は、配管中を流れる水と管壁との摩擦抵抗による損失揚程をいい、これは配管材料の種類により変わります。右図（上）では、吸込み管による吸込み側損失水頭と吐出し管部分による吐出し側損失水頭の合計値になります。

速度揚程（速度水頭）には、吸込み速度水頭と吐出し速度水頭がありますが全揚程計算では、吐出し速度水頭を用います。

ポンプの特性

ポンプの特性を表す方法に、特性曲線が使用されます。特性曲線は、使用する回転数において、吐出し水量に対する揚程、軸動力、ポンプ効率が示されています。

揚程曲線は、横軸に吐出し水量を、縦軸に揚程を取り、吐出し水量と揚程との関係を示した曲線で、水量が少ない時は揚程が高く、水量が増すと揚程が低くなる下降曲線を描いています。特に、最大揚程は吐出し水量が0の時で、この点を締切揚程といいます。

軸動力曲線は、軸動力と吐出し水量との関係を示した曲線で、一般に吐出し水量が増えるほど右上がりの曲線になります。

ポンプ効率曲線は、軸動力に対する水動力の比を百分率で表した曲線で、縦軸にポンプ効率を、横軸に吐出し水量を取ります。最高効率点の吐出し水量が、そのポンプの基準水量となります。なお、水動力とは、軸動力の運動エネルギーが液体の運動エネルギーに変換された部分のことをいいますが、全てが変換されるわけではないので、変換されなかった部分は熱エネルギーとして液体やポンプを加熱することになります。

並列運転と直列運転

一般的なポンプの特性を利用した方法に、並列運転と直列運転があります。

それぞれの特徴は、ポンプを並列につなげて運転すると、最大の吐出し圧力（揚程）は変化しませんが、吐出し水量が増加します。一方、ポンプを直列につなげて運転すると、吐出し水量は変化しませんが、吐出し圧力が増加します。どちらもほぼ、それぞれのポンプの性能の合成値になります。

ポンプの揚程

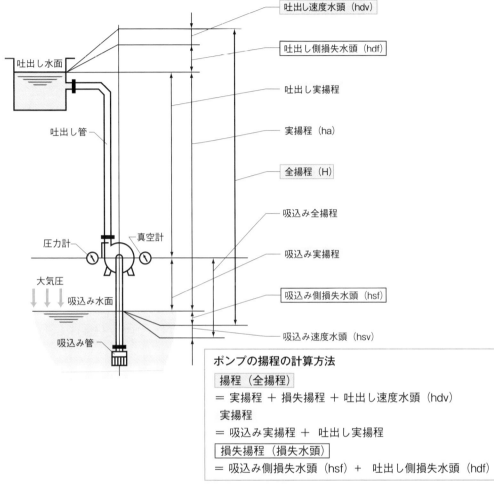

吐出し速度水頭（hdv）

吐出し側損失水頭（hdf）

吐出し実揚程

実揚程（ha）

全揚程（H）

吸込み全揚程

吸込み実揚程

吸込み側損失水頭（hsf）

吸込み速度水頭（hsv）

吐出し水面

吐出し管

圧力計　真空計

大気圧

吸込み水面

吸込み管

ポンプの揚程の計算方法

揚程（全揚程）
＝ 実揚程 ＋ 損失揚程 ＋ 吐出し速度水頭（hdv）

実揚程
＝ 吸込み実揚程 ＋ 吐出し実揚程

損失揚程（損失水頭）
＝ 吸込み側損失水頭（hsf） ＋ 吐出し側損失水頭（hdf）

ポンプの特性曲線

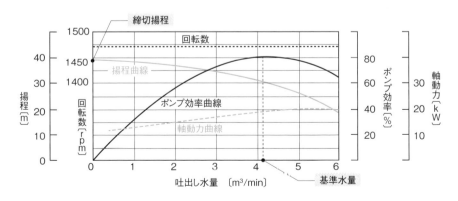

締切揚程

回転数

揚程曲線

ポンプ効率曲線

軸動力曲線

揚程〔m〕

回転数〔rpm〕

ポンプ効率〔%〕

軸動力〔kW〕

吐出し水量 〔m³/min〕

基準水量

| 用語解説 | **「吸込み実揚程」**：水槽などがポンプよりも低い位置にある場合、ポンプの吸込みは低い水面から吸上げることになり、このポンプの吸込み口と吸込まれる水面との高さが、吸込み実揚程となる。 |

送風機の種類

送風機の種類と駆動方式

送風機は、吐出し圧力9.8kPa以上のブロワと、9.8kPa未満のファンの2種類に分類されます。

その中で、空気調和機器用の送風機は、すべて吐出し圧力が9.8kPa未満のファンに属し、約1500Pa以下のものが多く使われており、多翼送風機や翼型送風機などの遠心送風機が多く使われています。

冷却塔や換気扇、空冷ヒートポンプエアコンの凝縮器用(おもに屋外機)などのように、風量が大きいわりに低い圧力しか要求されない場合には軸流送風機が使用されます。

ファンコイルユニット、ルームエアコン室内機およびエアカーテンには、横流送風機(クロスフローファン)が用いられています。特徴としては、高速回転で騒音が高くなる傾向にあります。

駆動方式は、遠心送風機や軸流送風機では、電動機直結またはVベルト駆動で行われ、横流送風機では電動機直結で使用されます。

空気調和設備に用いられる送風機

空気調和設備に用いられる送風機の中で、多翼送風機(シロッコファン)は、冷暖房など空調用や一般換気用など、高い静圧を要求しない低速ダクトなどに広く使用されています。風量の目安は約10～2,000(㎥/min)、静圧の目安は約100～1,230(Pa)です。多翼送風機には、片吸込み型多翼送風機や両吸込多翼羽根車を使用したストレートファンがあり、ストレートファンはダクトの途中に設置することができます。

翼型送風機のリミットロードファンは、多翼送風機に比べ高い静圧が得られます。また、効率がよいのが特徴のひとつで、高速ダクト空調や排煙設備などに用いられます。風量の目安は約30～2,500(㎥/min)、静圧の目安は約1,230～2,450(Pa)です。

軸流送風機である有圧換気扇は、体育館や飲食店、工場などで、大量の空気を風量が低下しないように換気する際に用いられます。風量の目安は約20～500(㎥/min)、静圧の目安は約0～100(Pa)です。

ラインファンは斜流送風機です。送風機の吸込み口と吐出し口の軸が同一線上にあるので、ダクトの途中に容易に設置することができ、一般の建築物の空調・換気に使用されます。風量の目安は約10～300(㎥/min)、静圧の目安は約100～590(Pa)です。

遠心軸流ファンであるダクトファンは、道路のトンネル内の換気用などによく利用され、一般の建築物の空調ではほとんど使われません。風量の目安は約20～50(㎥/min)、静圧の目安は約100～490(Pa)です。

送風機の種類

多翼送風機（シロッコファン）
冷暖房など空調用や一般換気用など、高い静圧を要求をしない
低速ダクトなどに広く使用される
（写真提供：株式会社ミツヤ送風機製作所）

多翼送風機（ストレートファン）
両吸込多翼羽根車を使用したファン。ダクトの途中に設置する
ことができる
（写真提供：三菱電機株式会社）

翼型送風機（リミットロードファン）
高い静圧と効率がよいのが特徴。高速ダクト空調や排煙設備な
どに用いられる
（写真提供：株式会社ミツヤ送風機製作所）

軸流送風機（有圧換気扇）
体育館や飲食店、工場で大量の空気を風力が低下しないように
換気する際に使用される
（写真提供：三菱電機株式会社）

斜流送風機（ラインファン）
吹込み口と吐出し口の軸が同一線上にあるので、ダクトの途中に
設置することができ、一般の建築物の空調・換気に使用される
（写真提供：三菱電機株式会社）

遠心軸流ファン（ダクトファン）
道路のトンネル内の換気用などで使用される
（写真提供：株式会社ミツヤ送風機製作所）

トラブル事例	**「送風機」**：ある共同住宅の台所換気扇（シロッコファン）からの排気を、建物躯体のダクト（SEダクト）を利用して屋上の換気扇で排出したところ、台所換気扇が逆回転してしまいました。これは、屋上の換気扇の静圧が高すぎたのが原因です。

送風機の原理

静圧・動圧・全圧

　一般に、送風機は風量と静圧をもとに選定を行います。

　送風機の羽根車が回転すると、羽根の作用によって送風機の吐出し口と吸込み口の間に送風機全圧（全圧差）が生じます。この送風機全圧から送風機吐出し口における動圧を差し引いたものが送風機静圧となります。送風機全圧に対して、風量 Q（㎥/s）を送風するのに必要な動力のことを空気動力といいます。送風機全圧効率は送風機の主軸を回転するのに必要な軸動力に対する空気動力の比を百分率で表したものです。

送風機の特性

　送風機の特性曲線は、横軸に風量を、縦軸に各風量における圧力、効率、軸動力、騒音を取って表し、送風機の種類によって特徴があります。

後向き送風機・翼型送風機

　風量の少ないところに圧力が最大となる点があり、これより風量が増えると圧力は減少します。軸動力は、小風量から次第に増加し、最高効率点近くで最大になります。騒音は、最高効率点付近で最小となり、風量が増減するのに従い大きくなる傾向にあります。

多翼送風機

　圧力は、風量が増すに従い低下し、一旦上昇して再び低下する谷と山のある圧力特性を持っています。軸動力は風量の増加とともに増加します。騒音は小風量で低く、風量が増加すると高くなる傾向にあります。

軸流送風機

　圧力曲線は、多翼送風機よりもさらに急な山と谷を持っています。軸動力は、風量が０の時に最大となり、最大効率点の近くで極大になります。騒音は、締切点と圧力曲線が谷となる点、大風量点の領域がそれぞれ高くなっています。

斜流送風機

　軸流送風機と似た特性曲線を持っていますが、比較的緩やかな曲線を描いています。騒音は後向き送風機と同様に、最高効率点付近で最小になり、風量が増減するのに従い大きくなる傾向にあります。

並列運転と直列運転

　送風機の特性を利用した方法に、同等の送風機を複数利用する並列運転と直列運転があります。

　それぞれの特徴は、送風機を並列につなげて運転すると、最大の圧力（静圧）は変化しませんが、風量が増加します。

　一方、直列につなげて運転すると、風量は変化しませんが、圧力（静圧）が増加します。どちらもほぼ、それぞれの送風機の合成値になります。

　なお、前述のポンプと送風機の基本原理は同じです。

送風機の種類と特性

後向き送風機・翼型送風機

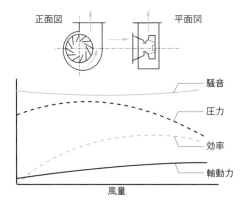

多翼送風機

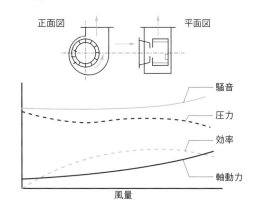

軸流送風機

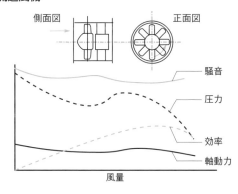

斜流送風機

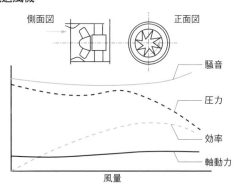

送風機の並列運転と直列運転による特性変化

並列運転特性

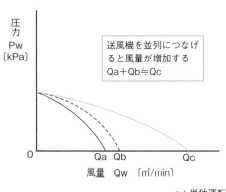

送風機を並列につなげると風量が増加する
Qa＋Qb≒Qc

直列運転特性

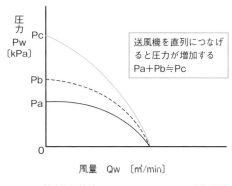

送風機を直列につなげると圧力が増加する
Pa＋Pb≒Pc

―――― a：単独運転特性　　------ b：単独運転特性　　―――― c：a＋b 運転特性

| 用語解説 | 「動圧」：ダクト内の空気または配管内の液体は、静圧のほかに風圧または流速によって生じる圧力を持っている。これを動圧または速度圧（速度水頭）といい、単位は静圧と同じ。動圧は直接測定できないため、通常は全圧と静圧の差から求める。 |

暖房機器

暖房機器の分類と特徴

暖房機器は、個別暖房器、中央暖房用放熱器、温風暖房機に大きく分類されます。

個別暖房器は、石油ストーブや据置暖炉のように、燃焼装置または発熱装置を自ら装備した小型のユニットです。個別暖房器の特徴は、各室または部分ごとに暖房器を使用できる簡便性と経済性を備えていることですが、暖房の効果と質の面では中央暖房用放熱器にはおよびません。

中央暖房用放熱器は、温水暖房または蒸気暖房で使用されるもので、放熱機構と放熱特性によって、自然対流・放射型放熱器と強制対流型放熱器に細分化されます。中央暖房用放熱器は、温水または水蒸気を熱源に使用し、これらを放熱器に循環させ、対流と放射により室内へ放熱します。対流放熱は室内温度を、放射放熱は周囲の壁面の温度上昇をもたらして暖房環境を整えます。最適な放熱器の選択により、より満足度の高い暖房環境が得られます。

温風暖房機は、燃焼系の給排気により分類され、室内に設置して直接温風を送風できる小容量のものから、ダクトを経て複数の部屋へ送風できる大容量のものまで多岐にわたります。大容量の機種は、湿度の制御を行えたり、外気の導入や空気の清浄も行えるなどの長所があります。

暖房機器の分類

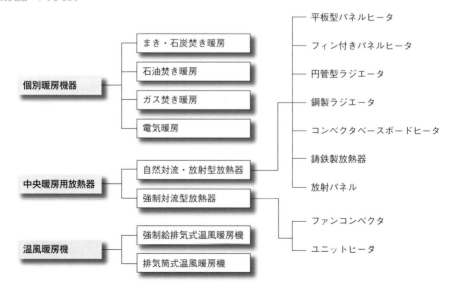

暖房機器の分類

個別暖房器

石油焚き暖房器（石油ストーブ）

灯油を燃焼させる小型のユニット

（写真提供：株式会社トヨトミ）

まき焚き暖房器（据置暖炉）

まきを燃焼させる小型のユニット

（写真提供：神奈川産業株式会社）

中央暖房用放熱器

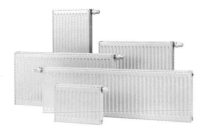

平板型パネルヒータ

温水または水蒸気を使用して直接放射と自然対流により暖房を行う

（写真提供：森永エンジニアリング株式会社）

コンベクタベースボードヒータ

温水または水蒸気を使用して自然対流により暖房を行う

（写真提供：森永エンジニアリング株式会社）

温風暖房機

強制給排気式温風暖房機（ガス焚きFF式温風暖房機）

ガスの燃焼に必要な空気の給排気を強制的に行う

（写真提供：クリナップ株式会社（現・三菱重工冷熱株式会社））

強制給排気式温風暖房機（石油焚きFF式温風暖房機）

石油の燃焼に必要な空気の給排気を強制的に行う

（写真提供：株式会社トヨトミ）

トラブル事例

「暖房機器」：FF式温風暖房機の不完全燃焼により、一酸化炭素中毒になる事例がありました。本来FF式なので室内には汚染された空気は入らないのですが、原因を調べると、夏場に排気筒に鳥が巣を作っていたのです。また、排ガスは、排気筒と壁のすき間から室内に入り込んでいたことが判明しました。

エアハンドリングユニット

エアハンドリングユニットの構成

エアハンドリングユニットは、空気調和を必要としている部屋に対して冷却、加熱、減湿、加湿、浄化などを行い最適に処理した空気を、送風機によって供給する空気調和機のことをいいます。事務所ビル、病院、工場などに設置され、各階や大きいゾーンを空調する中・大型機と、各室や細かく分かれたゾーンを空調する小型機に分けられます。最近では、機械室を必要としない壁面設置型や天井内隠蔽型など、コンパクト型のエアハンドリングユニットも多く使われるようになりました。

また、各室・各ゾーンに対して最適な空調が行えるように、マイクロコンピュータを搭載したものも作られています。これによって、温度・湿度など必要な情報を入力しておき、室内および外気などの状況によりコンピュータが適切に判断し、全熱交換器や冷水・温水の流量、送風機の静圧などを最適な状態にする高度な制御も可能になっています。

なお、エアハンドリングユニットは、冷却・加熱のための熱源装置は持っていないため、建物内の機械室や屋外機械室に別途設置されるか、地域冷暖房システムがある地域では、その熱源装置より供給される冷水、温水、蒸気、水などを用います。

暖房運転の流れ

標準的なエアハンドリングユニットにおける暖房運転の流れは以下のようになります。

まず、室内から戻ってきた還気と屋外から取り入れた外気が、ダクトを通してリターンチャンバーに入ります。ここで取り入れられる外気の量は、予め計算によって決められた換気量または、自動制御装置により自動的に計算された室内に必要な換気量です。

エアフィルタを通過して除塵された空気は、エアハンドリングユニットの主要構成機器である熱交換器へと流れていきます。

熱交換器には、コイルにフィンが装着されており、そこを空気が流れることにより熱の受け渡しが行われます。

熱交換器を通過して加熱された空気は、加湿器で加湿されます。加湿器には、一般に水加湿器か蒸気加湿器を用いますが、高圧水スプレー式の水加湿器の場合には、水の飛散を防止・捕集するエリミネータが設けられています。

この一連の流れによって部屋が要求する品質の空気を作り出し、送風機によってダクトから再び各室に搬送されます。

エアハンドリングユニットの構造

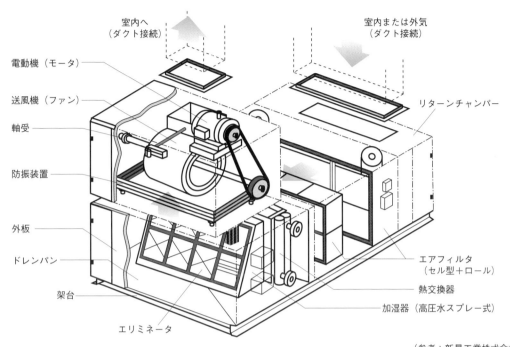

- 電動機（モータ）
- 送風機（ファン）
- 軸受
- 防振装置
- 外板
- ドレンパン
- 架台
- エリミネータ
- 室内へ（ダクト接続）
- 室内または外気（ダクト接続）
- リターンチャンバー
- エアフィルタ（セル型＋ロール）
- 熱交換器
- 加湿器（高圧水スプレー式）

（参考：新晃工業株式会社HP）

エアフィルタ

空気中の塵埃などを取り除き清浄にする。ロール状濾材を駆動装置により自動的に巻取りを行うフィルタ

（写真提供：新晃工業株式会社）

熱交換機

温度が高いものから低いものに効率的に熱を伝える機器

（写真提供：新晃工業株式会社）

ワンポイント アドバイス　**「エアハンドリングユニット」保守点検上の注意点：** 1．送風機のベルトの張り具合の確認・調整を行う。2．送風機の軸受けに給油をして、振動や音が異常でないこと、円滑に回転する事を確認する。3．フィルタの点検交換や冷温水コイルの洗浄を行う。

ファンコイルユニット

ファンコイルユニットの構成と種類

ファンコイルユニットは、ファンモータユニット、冷温水コイル（熱交換器）、エアフィルタ、ドレンパン（露受け皿）などで構成されており、それらをケーシング内に納めた小型の室内機器です。

一般的な天井カセット型の場合、天井面には吹出し口と吸込み口が納められたパネルがはめ込まれます。室内の空気はファンによって吸込み口から取り込まれ、フィルタを通って熱交換器へ流れた後、ファンにより吹出し口へと送られ再び室内へと戻されます。

なお、夏季冷房時には、室内空気がこの熱交換器を通過するときに熱交換器のフィンに結露が発生するため、この結露水を受ける皿（ドレンパン）が装備されており、ドレンパンが受けた結露水はドレン配管を経て屋外へと排出されます。

このように一般的なファンコイルユニットは、外気を取り入れて処理をする機構や加湿の機能は持っておらず、外気処理は全熱交換器との併用で行い、加湿は全熱交換器内で行われます。

また、必要な外気の処理や加湿はエアハンドリングユニットで行い、ファンコイルユニットはおもに室内側の部分的な温度調整用として用いることもあります。さらに、室内をゾーンに分けて、室内側（インテリアゾーン）はエアハンドリングユニットが行い、外壁や窓のある外周部（ペリメータゾーン）の熱負荷処理を行うためにファンコイルユニットを使用する場合もあります。これをファンコイルユニット併用ダクト方式といいます。

ファンコイルユニットの種類には、設置場所により、天井カセット型、天井吊り型、床置き型（露出型・隠ぺい型）などがあり、外気導入や加湿器の装備が装着可能なものもあります。

ファンコイルユニットの能力制御

ファンコイルユニットの能力制御（容量制御）には、おもに次の2通りの方法があります。

ひとつ目の方法は、空気側の制御で、ファンコイルユニットの吹出し風量を変えることで能力制御を行います。風量を強風・中風・弱風の3段階に分けて調節できるものが一般的です。この送風機の能力を常に最良の状態に保つためには、エアフィルタや熱交換器のフィンの清掃が欠かせません。

もうひとつの方法は、水側の制御です。冷温水コイルへの供給水量を増減することで能力制御を行います。この場合、サーモスタットと電動弁により、1台または数台まとめて同時に制御するのが一般的です。ファンコイルユニットの能力を十分に発揮させるには、常に水質を良い状態にするための十分な水質の監視が必要になります。

ファンコイルユニットの主な構成部品（天井カセット型）

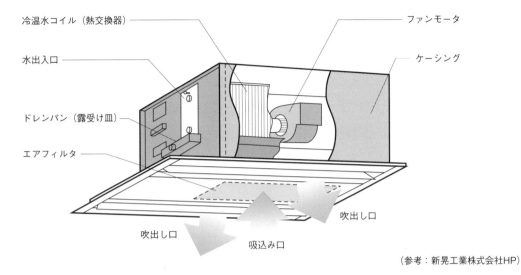

- 冷温水コイル（熱交換器）
- 水出入口
- ドレンパン（露受け皿）
- エアフィルタ
- ファンモータ
- ケーシング
- 吹出し口
- 吹出し口
- 吸込み口

（参考：新晃工業株式会社HP）

ファンコイルユニットの種類

天井カセット型ファンコイルユニット

天井裏にスペースがある場合に設置

天井吊り型ファンコイルユニット

天井裏のスペースがない場合に天井から吊り下げて設置

床置き型ファンコイルユニット（露出型）

建物の窓や外壁に面するペリメータゾーンに設置

床置き型ファンコイルユニット（隠ぺい型）

建物の窓や外壁に面するペリメータゾーンの収納の中に設置
（写真提供：新晃工業株式会社）

| トラブル事例 | 「ファンコイルユニット」：床置き型ファンコイルユニットでよくある事例に、風量が十分に出ていない状態になることがあります。この原因は、単なるフィルタの目詰まりだけでなく、吸込み口も綿埃で詰まっていることがあるので、床面近くにある吸込み口には注意が必要です。 |

パッケージエアコン

パッケージエアコンの種類と構成

パッケージエアコンには、室内の空気の冷却だけを行う冷房専用と、冷却と加熱を行う冷暖房用があります。冷暖房用は冷凍サイクルの切り替えによるヒートポンプの暖房が使用されますが、電気ヒータなどの補助熱源による加熱器を用いることもあります。

エアハンドリングユニットやファンコイルユニットの熱源は、他の熱源機器より供給されたものを利用しています。これらは空気冷却器に冷水コイルを使用しているのに対し、パッケージエアコンでは空気冷却器に冷凍機の一部である冷媒の蒸発器を使用しておりこれを直膨方式といいます。パッケージエアコンはこのほかに、圧縮機、熱源側熱交換器、冷媒減圧器、空気冷却器、エアフィルタ、送風機などで構成されています。

パッケージエアコンの熱源には、空気と熱交換する空冷式（空気熱源式）と、水と熱交換する水冷式（水熱源式）があります。水冷式パッケージエアコンは一体型が多く、機械室に設置される中央式の空気調和機として使用されることが多いのですが、小型のものでは個別式の床置き型、天井埋込みカセット型や天井吊り型などもあります。

パッケージエアコンには、一体型、リモートコンデンサ型、セパレート型があります。一体型は、冷媒蒸発器、圧縮機、熱源側熱交換器、冷媒減圧器、エアフィルタ、送風機などをひとつのケーシング内に納めたものです。

リモートコンデンサ型は、本体を室外ユニットと室内ユニットに分け、室外ユニット内に熱源側熱交換器を納め、室内ユニット内に圧縮機、空気冷却器、送風機を納めて、冷媒配管でそれらを接続して運転するものです。

セパレート型は、室外ユニット内に熱源側熱交換器、圧縮機などを納めて、冷媒配管でそれらを室内ユニット内の機器に接続して運転するもので、セパレート型の中には、1台の室外ユニットに対して複数の室内ユニットが接続できるマルチエアコンもあります。

空気熱源ヒートポンプパッケージエアコン

空気熱源ヒートポンプパッケージエアコンは、室内側熱交換器を冷房時には蒸発器として、暖房時には凝縮器として用いて、室外側熱交換器を冷房時には凝縮器として、暖房時には蒸発器として用います。冷房と暖房は、四方弁によって冷媒の回路を切り替えて行います。

冬季暖房時に室外側熱交換器に霜が付くことがありますが、短時間、暖房運転から冷房運転と同じ状態に切り替えて、高温の冷媒で除霜するデフロスト運転を行います。このため、室内側では一時的に冷房運転と同じ状態になります。

パッケージエアコンの分類

	種類	熱源
パッケージエアコン	冷房専用	空冷式（空気熱源式）
		水冷式（水熱源式）
	冷暖房用	空冷式（空気熱源式）
		水冷式（水熱源式）

パッケージエアコンの種類

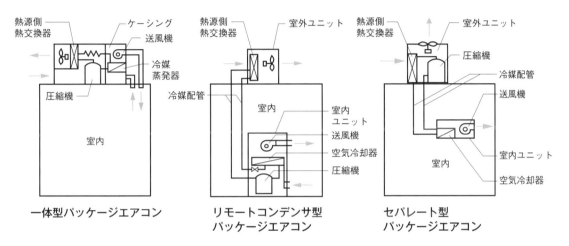

一体型パッケージエアコン　　　リモートコンデンサ型パッケージエアコン　　　セパレート型パッケージエアコン

空気熱源ヒートポンプパッケージエアコン

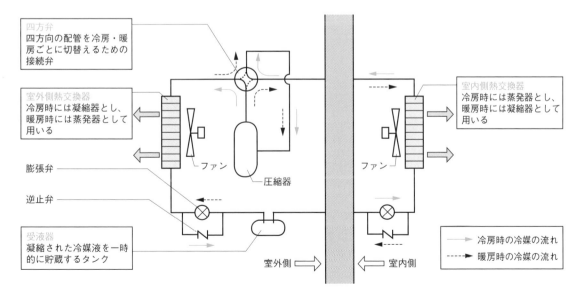

四方弁
四方向の配管を冷房・暖房ごとに切替えるための接続弁

室外側熱交換器
冷房時には凝縮器とし、暖房時には蒸発器として用いる

室内側熱交換器
冷房時には蒸発器とし、暖房時には凝縮器として用いる

膨張弁

逆止弁

受液器
凝縮された冷媒液を一時的に貯蔵するタンク

ファン　圧縮器　ファン

室外側　室内側

→ 冷房時の冷媒の流れ
---→ 暖房時の冷媒の流れ

用語解説　**「デフロスト運転」**：冬の室内の暖房運転は、室外機が屋外を冷房運転しているようなもので、外気温が低くて湿気があると屋外機に霜が付着し、運転能力が低下する。デフロスト運転は、この霜を取り除くために暖房運転を一時的に停止し、高温の冷媒で霜を取り除くこと。

パッケージエアコンの用途別分類

　パッケージエアコンを用途別に分類すると、店舗・事務所用、ウォールスルー型、小型水熱源ヒートポンプユニット、特殊用途型に分けることができます。これらの中で、店舗・事務所用空調機については、一般空調用として空冷式のデザイン性の高い機種が多く見られるようになり、メーカーのカタログなどでも店舗・事務所用空調機として、バラエティに富んだ機種から用途に合わせて選択できるようになりました。

　また、パッケージエアコンは高い品質管理の下で大量生産されているため、品質が安定し、据付け工事や取扱いも簡素化されてきており、最近ではユニットとしての信頼性も向上し、工場の特殊空調や病院の手術室の空調にも設置されるようになりました。

店舗・事務所用空調機の種類

　店舗・事務所用空調機は、天井埋込みカセット型、壁掛け型、床置き型、天井吊り型、天井埋込みダクト型に分けることができます。

天井埋込みカセット型

　店舗・事務所用空調機の中で最も多く使用されている機種です。1方向吹出しから4方向吹出しまでのタイプがあり、室内の大きさや形状に合わせて選定することができます。空調機本体は天井内に納められ、室内の天井には吸込み口と吹出し口を備えたデザイン性の高いパネル

が露出します。部屋の間仕切り変更への対応が容易で、部屋中央部への設置により室内の温度分布が良く、室内のスペースが有効に使えるなどの特徴があります。

壁掛け型

　室内の壁に取り付けられ、据付け工事も比較的容易に行えます。また、細長い形状の部屋でも、奥まで気流を送れるものもあります。但し、ドレン配管を設けることが条件です。

床置き型

　室内の床に設置します。据付け工事も比較的容易に行えますが、床面に設置スペースが必要になります。直接吹出し型とダクト吹出し型があり、いずれも外壁や窓のある外周部(ペリメータゾーン)の熱負荷に対応するために用いられることが多いタイプです。

天井吊り型

　一般に、室内の隅の天井下に吊り下げて設置します。据付けが容易で床面の設置スペースも不要ですが、天井に吊り下げるため圧迫感を感じることがあります。

天井埋込みダクト型

　室内の天井内に設置し、ダクトによって吸込み・吹出しを行います。天井面の照明器具の配置や机などの配置などに考慮した吹出し口や吸込み口のレイアウトが自由に行えます。また、外気取り入れや、高性能フィルタ、加湿器の装備など、本来の空気調和機としての機能を備えたものもあります。

パッケージエアコンの用途別分類

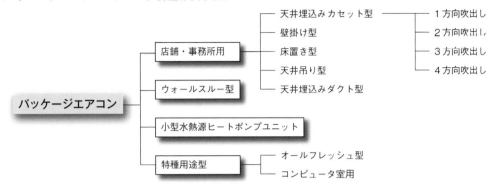

- パッケージエアコン
  - 店舗・事務所用
    - 天井埋込みカセット型
      - 1方向吹出し
      - 2方向吹出し
      - 3方向吹出し
      - 4方向吹出し
    - 壁掛け型
    - 床置き型
    - 天井吊り型
    - 天井埋込みダクト型
  - ウォールスルー型
  - 小型水熱源ヒートポンプユニット
  - 特種用途型
    - オールフレッシュ型
    - コンピュータ室用

パッケージエアコンの種類

天井埋込みカセット型（4方向吹出し）

店舗・事務所用空調機の中で最も多く使用されており、室内のスペースを有効に使える

壁掛け型

室内の壁に取り付けられ、細長い形状の部屋でも、奥まで気流を送れるものもある

床置き型（露出型、直接吹出し）

外壁や窓のある外周部の熱負荷に対応するために用いる

床置き型（隠ぺい型、ダクト吹出し）

外壁や窓のある外周部の熱負荷に対応するために用いる

天井吊り型（直接吹き出し）

室内の隅の天井下に吊り下げて設置

天井埋込み型（ダクト吹き出し）

室内の天井内に設置

（写真提供：ダイキン工業株式会社）

| 用語解説 | **「パッケージエアコン」**：パッケージエアコンとは、圧縮機・凝縮器・蒸発器などの冷媒サイクル系機器や、ファン・エアフィルタ・加湿器・自動制御機器など熱源機器から搬送設備までをひとまとめにした空調機器。 |

マルチエアコン

マルチエアコンの構成

　マルチエアコンは、1台の室外ユニット（熱源機）に対して、複数の室内ユニットを接続して使用するものをいいます。この方式は、パッケージエアコンで多くの部屋の空調をする時に、室外ユニットの設置場所を集約するために開発されたものです。中・小規模の店舗や事務所ビルなどの建物において、管理や運転面で扱いやすいパッケージエアコンによる個別分散型の空調システムが多く採用されるようになり、ビル用マルチなどのマルチエアコンの採用が増えてきました。

　マルチエアコンの室外ユニットと室内ユニットの間は、冷媒配管で接続されます。冷媒配管の接続には、1台の室外ユニットに対して、複数の室内ユニット個別に配管するものや、室外ユニットに接続した1組の冷媒配管を、専用の分岐管や分岐ヘッダで分岐させる方法があります。また、分岐のための専用ユニットを設けて、分岐させる方法もあります。おもに、室外ユニットは屋上に設置されることが多いため、冷媒配管の延長距離も長くなりますが、そのことに対応した機種も多くなっています。

　運転管理の面では、通信技術の発展により、個別運転と同時に集中管理のできる集中制御システムへの対応や、通信を利用した遠隔操作、ビル監視システムとの情報交換も可能になっています。

マルチエアコンの特徴

　この方式の大きな特徴は、セパレート型パッケージエアコンを複数台設置する場合に比べて、室外ユニットの設置スペースが小さくてすむことです。

　また、ユニットの組合せや制御システムの選択の自由度が高く、設備設計時に空調システムとしての機能をより多く引き出すことも可能です。冷媒配管の接続や、電気配線の接続などが複雑にならずにすむという利点もあります。さらに、複数台の室内ユニットを分散配置することにより、必要に応じて個別に制御することができるため、広いスペースや変形のスペースでも温度むらなどを少なくすることができ、残業時などで使用されている室が一部であっても、必要な部分のみの運転もできます。

　そのほか、マルチエアコンの中には、同一の冷媒配管系統で冷暖房同時運転ができるものもあります。近年では、動力にインバータ制御方式が採用されることも多く、部分負荷運転時の省エネルギー性に優れたものも多くなりました。また、圧縮機をガスエンジンで駆動するマルチユニットもあります。利点は、ガスの供給があれば受電設備容量が小さくても据付けられることや、ガスエンジンの廃熱を回収して外気温度が低い場合でも十分な暖房能力が得られることです。

冷媒配管の分岐方法

分岐管による冷媒配管の分岐方法

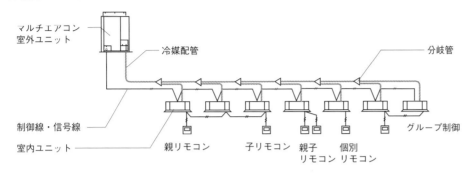

マルチエアコン室外ユニット
冷媒配管
分岐管
制御線・信号線
室内ユニット
親リモコン　子リモコン　親子リモコン　個別リモコン　グループ制御

分岐ヘッダによる冷媒配管の分岐方法

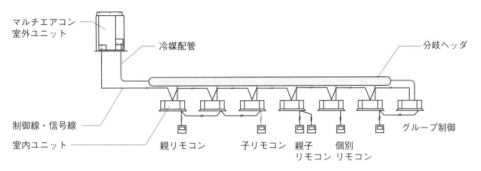

マルチエアコン室外ユニット
冷媒配管
分岐ヘッダ
制御線・信号線
室内ユニット
親リモコン　子リモコン　親子リモコン　個別リモコン　グループ制御

マルチエアコンとセパレート型エアコンの設置例

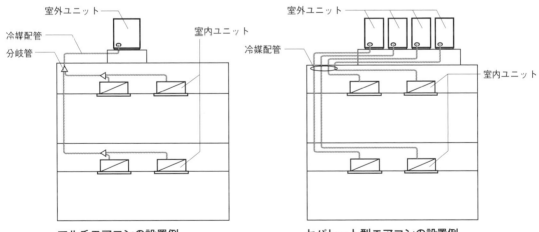

室外ユニット
冷媒配管
分岐管
室内ユニット

室外ユニット
冷媒配管
室内ユニット

マルチエアコンの設置例

室外ユニット1台に対して、複数台の室内ユニットが接続できるタイプ。室外ユニットがまとまっているため省スペースが可能。また、冷媒配管も分岐管によりまとめられ、配管スペースも小さくできる

セパレート型エアコンの設置例

室内ユニットの台数に対して室外ユニットが同数必要なタイプ。室内ユニットの数が増えるほど室外ユニットも増えるので広いスペースが必要になる

ワンポイントアドバイス

「マルチエアコン」の性能進化：最近のマルチエアコンには、ある部屋は暖房運転を行い、また別の部屋は冷房運転を行うなど、個々の環境設定が異なるにもかかわらず、それぞれの環境に応じた利用のしかたが可能なものまで存在しています。

全熱交換器

空調機器における全熱交換器の役割は、換気のために取り入れた外気と同じ風量の空気を室外に排気し、この空調された空気と取り入れられた外気との熱交換を行うことです。このときに顕熱だけではなく、潜熱も交換するものが全熱交換器で、空調用換気扇とも呼ばれます。

「全熱交換」とは

熱には顕熱と潜熱があり、「全熱」とは、物質の持つ熱の総量をいいます。

顕熱とは、物質の状態変化がないまま温度を変化させる働きをし、普通の温度計で計測できる熱です。例えば、10℃の水に熱を加えて（加熱）いくと、温度計も徐々に上昇します。このときに加えた熱量が顕熱となります。

潜熱とは、物質の温度を変えずに状態を変化させる熱です。例えば、0℃の氷に熱を加えていくと、温度計の変化は見られませんが、氷が水に変化していきます。このときに与えられた熱量を潜熱といいます。

物質の状態変化の関係は、固体から気体へ、またはその逆も「昇華」といい、固体から液体へは「融解」、液体から固体へは「凝固」、さらに、液体から気体へは「蒸発」、気体から液体へは「凝縮」といいます。

通常、換気する場合の物質は空気です。空気中の水分のもつ潜熱が、湿度の変化に影響を与えます。従って、換気における全熱交換とは、温度と湿度を交換する

ものと考えて良いでしょう。

全熱交換器のしくみ

全熱交換器には、静止型（透過式）と回転型（蓄熱再生式）の2種類があり、一般に、静止型を利用した機器が最も多く普及しています。

静止型は、特殊な加工を施した紙を間隔板および仕切り板に用い、温度と湿度の交換を行います。また、この特殊な紙は、温度と湿度は通しても、臭気などを通さないものになっています。

回転型は、耐食処理を施したアルミニウムシートの表面にシリカゲルなどの吸着剤を塗布したものを材料としたハニカム状の円形ロータがケーシングに収められ、駆動装置により回転します。ロータは、ケーシングの仕切りパッキンにより、給気側と排気側に仕切られています。

夏季の場合は、換気の必要な室内の低温・低湿の還気をロータの排気側を通過させることで、還気に含まれる全熱（顕熱と潜熱）がロータに蓄熱され、屋外に排気されます。つぎに、蓄熱したロータが給気側に回転し、取り入れた外気がロータ内を通過すると、ロータに蓄えていた全熱を受け取って、高温・高湿の外気を冷却・除湿して室内に給気されます。この動作を繰り返すのが、回転型全熱交換機の仕組みです。

物質の状態変化の関係（水の場合）

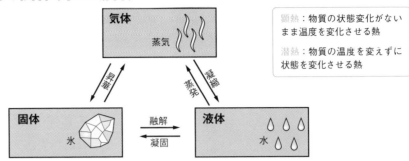

> 顕熱：物質の状態変化がない
> まま温度を変化させる熱
>
> 潜熱：物質の温度を変えずに
> 状態を変化させる熱

静止型全熱交換器の仕組み

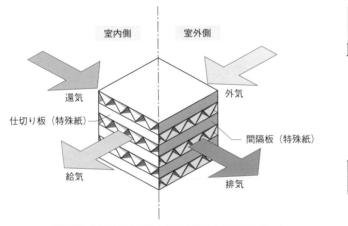

間隔板と仕切り板は特殊な加工を施した紙でできているため、排気と吸気が全熱交換器の中で混ざることなく、温度と湿度のみを交換する

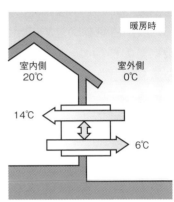

一般的には全熱交換器は、約70％の熱を交換する。冬季、外気が0℃、室内が20℃の場合、外気が14℃になって室内に入ってくる

回転型全熱交換器の仕組み

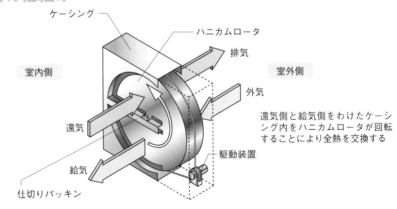

還気側と給気側をわけたケーシング内をハニカムロータが回転することにより全熱を交換する

**ワンポイント
アドバイス**

「全熱交換器」知っておきたい注意点：全熱交換器は静止型・回転型ともに、熱交換のほか、蒸気も移動させるため、水溶性の大きいアンモニア・臭素・硫化水素などが水蒸気に混じって移動する可能性があり注意が必要です。また、油分は目詰まりの原因になりやすいので、フィルタが必要です。

空気浄化装置

空気浄化装置の役割

空気浄化装置は、取り入れた外気の中や、室内を循環している空気中の汚染物質を除去したり、排気系統の有害物質を外部へ放出させないために用いられます。汚染物質の種類は、粉塵や細菌および有害ガスなどがあり、粉塵や細菌を除去するものをエアフィルタ、有害ガスを除去するものをガスフィルタと呼んでいます。取り入れた外気の中の汚染物質は、地域、季節、時刻などによって大きく変動します。また、室内を循環している空気中の汚染物質は、設備の種類や在室者の活動によって変化します。したがって汚染物質の種類や濃度に適合する空気浄化装置を選定することが重要です。

空気浄化装置の種類と性能

空調用エアフィルタは、その性能により高性能フィルタ・中性能フィルタ・低性能フィルタに分類されます。

性能区分別の主な用途は、高性能フィルタはLSI工場、病院、原子力施設などに、中性能フィルタはビル管理法にもとづくビル空調用などに、低性能フィルタは一般用や前処理用などに使用されます。

性能測定方法には、質量法・比色法・計数法があります。

質量法は、一般的に重量法ともいわれている性能測定方法のひとつで、エアフィルタの上流側に供給した粉塵の質量と通過後の粉塵の質量を測定し性能を判定します。おもに、やや粗大な粉塵を対象とする低性能エアフィルタに適用されます。

比色法は、エアフィルタの上流側と下流側からポンプで吸引した空気中の粉塵を濾紙に採取し、比色計で濾紙の汚れの濃度を光学的に測定する方法です。やや微細な粉塵を対象とする中性能フィルタに適用されます。

計数法は、一般的にDOP法ともいわれ、エアフィルタの上流側と下流側からポンプで吸引した空気中のDOP粒子濃度を光学的に測定する方法です。極微細な粉塵を対象とし、高性能フィルタに適用されます。

中性能フィルタ（ユニット型）は、枠内に収められた濾材で粉塵を濾過するもので、その捕集効率は、質量法（重量法）で99%程度です。

中性能フィルタ（電気集塵器、二段荷電式）は、空気中の塵埃に高電圧を与えて帯電させ、電極板に吸着させて捕集するものです。$1 \mu m$以下の粒子が捕集でき、捕集効率は比色法で70～90%程度です。

高性能フィルタ（ユニット型（HEPA））は、微細に特殊加工したガラス繊維を濾材としたもので、適応粒子は$1 \mu m$以下、性能は計数法（DOP法）で99.97%より上があります。

活性炭フィルタは、臭気、塩素ガス、亜硫酸ガスなどの比較的分子量の大きなガスの除去に対して有効なガスフィルタの一種です。

空気浄化装置の性能区分

性能区分	高性能フィルタ			中性能フィルタ					低性能フィルタ		
用途	LSI工場、病院、製菓工場、原子力施設など			ビル管理法にもとづくビル空調用、前処理用など					一般用、前処理用など		
捕集粉塵粒度	極微細な粉塵			やや微細な粉塵					やや粗大な粉塵		
種類	ユニット型（ULPA）	ユニット型（HEPA）	ユニット型（準HEPA）	ユニット型	折込み型	袋型（吹流し式）	電気集塵器 二段荷電式	電気集塵器 濾材誘電式	パネル型（50mm）	かご型（バグ式）	巻取り型（乾式）
性能測定方法と捕集効率(%) 質量法（重量法）	100	100	100	99	99	96	99	99	60～85	95	60～85
比色法	100	100	99	60～90	60～90	45～97	70～90	50～90	10～45	30～35	60～85
計数法（DOP法）	99.999<	99.97<	95	30～80	30～80	20～85	60～70	25～70	2～5	15～20	8～25
代表例	ユニット型(HEPA)			ユニット型					パネル型		

（写真提供：日本バイリーン株式会社）

用語解説

「DOPとDOP法」：フタル酸ジオクチル（dioctyl phtalate）をDOPといい、DOP法は、フタル酸ジオクチル（DOP）を均一にした粒子（0.3μm）を試験用ダクトを用いて光学的に濃度を測定し、定められた計算法に基づいて捕集効率を粒子の濃度比として表す方法。捕集効率を求める方法のなかで最も厳密なテスト方法。

自動制御機器

シーケンス制御とフィードバック制御

自動制御機器は、建物の快適な環境を目的とする人に対する快適用空気調和や、製品の品質向上や精度の確保を目的とする産業用空気調和において、温度や湿度の調節や、ボイラや冷凍機などの空気調和設備機器を安全かつ適切に運転するために不可欠なものです。

一般に、空気調和設備の自動制御機器は、シーケンス制御とフィードバック制御が用いられています。

シーケンス制御は、さまざまな制御動作を、あらかじめ定められた順序に従って段階を追って逐次進める制御です。演算処理を行う省エネルギー制御などは、制御装置にコンピュータを取り入れたコンピュータ制御によって行われます。

フィードバック制御は、制御の目標値と実際の制御量を比較し、それらを一致させるように訂正動作を行う制御で、制御信号が閉じたループをまわるため、閉ループ制御とも呼ばれています。

フィードバック制御の基本構成

フィードバック制御には、検出部、調節部、操作部があります。

検出部は、検出端と検出機構から構成され、温度、湿度、圧力などの変化を検出端で検出し、その検出量を信号に変え調節部に送ります。温度検出部にはベローズやバイメタルなどがあり、湿度検出部には毛髪やナイロンリボンなどが使われます。

調節部は、比較機構と調節機構から構成され、検出部から送られてきた信号を比較機構で目標値と比較し、調節機構によってその訂正動作の操作信号を操作部に伝達する部分です。調節部には、マイクロスイッチ、水銀スイッチ、ポテンションメータブリッジ回路などがあります。

操作部は、操作機構と操作端から構成され、調節部からの操作信号を操作機構によって操作端の動作に変えます。操作部には、電磁弁、電動弁、モータダンパなどがあります。

自動制御装置の分類

自動制御装置は、電気式、電子式、空気式の各方式に分類されます。

電気式は、信号の伝達や操作に電気を用いる方法です。

電子式は、信号の伝達や操作に電気を用いるのは電気式と同じですが、調節部に電子回路を用い、精度の向上と複合制御を可能にしています。近年はアナログ信号に変わって、デジタル信号を用いて制御プログラムで制御を行うものが一般的になってきており、ゾーン制御やグループ制御など、管理と融合・連携した制御が可能です。

空気式は、検出した信号を空気圧に変換し、ダイヤフラムやピストンなどで操作を行う方法です。

シーケンス制御とフィードバック制御の基本構成

シーケンス制御の基本構成

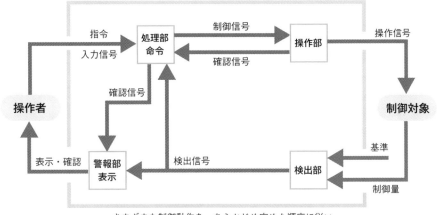

さまざまな制御動作を、あらかじめ定めた順序に従い
段階をおって逐次進める

フィードバック制御の基本構成

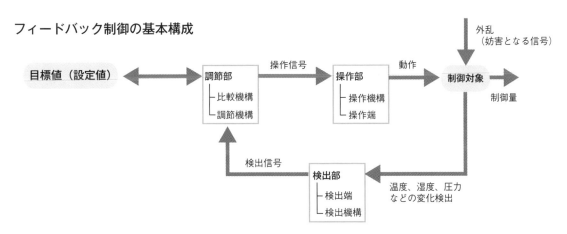

自動制御装置の方式による分類

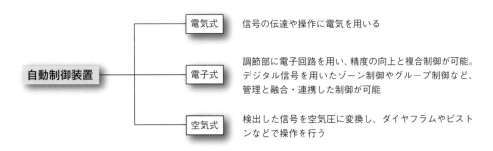

	電気式	信号の伝達や操作に電気を用いる
自動制御装置	電子式	調節部に電子回路を用い、精度の向上と複合制御が可能。デジタル信号を用いたゾーン制御やグループ制御など、管理と融合・連携した制御が可能
	空気式	検出した信号を空気圧に変換し、ダイヤフラムやピストンなどで操作を行う

**用語
解説** 　**「ダイヤフラム」**：ドーム状に成型された薄い金属またはシリコン膜。圧力や流量、液面などの自動制御用センサとして使われるほか、ポンプの部品として利用する場合もある。

太陽熱利用機器とシステム

非集光型と集光型集熱器

太陽熱利用機器には、コレクターと呼ばれる集熱器があり、その種類で非集光型と集光型に分けられます。

非集光型はおもに固定式で、平板型集熱器と真空ガラス管型集熱器があります。平板型集熱器では、外部への熱損失防止には透過体（ガラスなど）との間の空気層を利用しているのに対して、真空ガラス管型では、集熱体とガラス管の間の真空層を利用しています。集光型には固定式と、太陽の動きに合わせて集光面を移動する追尾式があります。暖房・給湯用の30〜60℃程度の温度レベルには、平板型が一般的で経済的です。集熱器の集熱媒体は、一般には水または不凍液の液体ですが、暖房給湯用には空気式平板型集熱器が用いられることもあります。

太陽熱利用機器システムと特徴

①太陽熱温水器方式は、温水器を屋根に設置し、自然循環による集熱方式で、落水による浴槽への給湯を行います。安価で単純なシステムですが、給湯箇所が限定されます。寒冷地では凍結防止装置を設ける必要がありますが、基本的には不向きです。

②補助ヒータ＋太陽熱温水器方式は、温水器と補助ヒータを組み合わせた強制給湯で、自然循環による集熱方式です。シャワーなど混合水栓の利用ができます。

寒冷地では凍結防止装置を設ける必要があり基本的には不向きで、専門家による設計が必要です。

③集熱器＋直接給湯方式は、集熱器と貯湯タンクによる強制循環集熱方式で、ポンプによる強制給湯を行います。貯湯量が多く、寒冷地にも設置可能ですが、設置スペース、凍結対策、専門家による設計が必要です。

④集熱器＋間接給湯方式は、集熱器と熱交換コイル付き貯湯タンクによる強制循環集熱方式です。集熱器と貯湯タンクのコイルとの間の循環媒体には不凍液が必要です。水道の圧力を直接利用するため寒冷地向きですが、高価であり、設置スペースや不凍液濃度の管理、専門家による設計が必要です。

⑤集熱器＋補助ヒータ＋放熱器方式は、放熱器を利用して床から温風を吹出して暖房を行います。集めた太陽熱は不凍液により循環され給湯用のお湯をつくります。不凍液濃度の管理、専門家による設計が必要です。

⑥集熱器＋補助ヒータ＋床暖房方式は、太陽熱を床に蓄熱して床暖房やお湯づくりを行います。不凍液濃度の管理、専門家による設計が必要です。

⑦空気式集熱器＋補助ヒータ＋床暖房方式は、屋根が受ける太陽熱で空気を温めるため、水漏れや凍結の心配がいらず、建物の構造から計画するため、新築にむいています。

太陽熱利用機器システムの種類

①太陽熱温水器方式

温水器　給水　配管
給湯は浴室のみ

②補助ヒータ+太陽熱温水器方式

温水器　給水　補助ヒータ　ポンプ
給湯は浴室のほか、洗面所、台所

③集熱器+直接給湯方式

集熱器　ポンプ　補助ヒータ　貯湯タンク　給水
給湯は浴室のほか洗面所、台所

④集熱器+間接給湯方式

熱交換コイル付き貯湯タンク　補助ヒータ　給水
給湯は浴室のほか洗面所、台所

⑤集熱器+補助ヒータ+放熱器方式

集熱器　還気　給気　放熱器
熱交換コイル付き貯湯タンク　給水　補助ヒータ
給湯は浴室、洗面所、台所
暖房は床吹出し空気式

⑥集熱器+補助ヒータ+床暖房方式

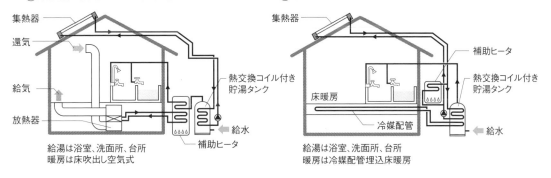

集熱器　補助ヒータ　熱交換コイル付き貯湯タンク　床暖房　冷媒配管　給水
給湯は浴室、洗面所、台所
暖房は冷媒配管込床暖房

⑦空気式集熱器+補助ヒータ+床暖房方式

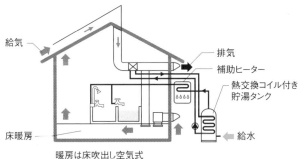

給気　排気　補助ヒーター　熱交換コイル付き貯湯タンク　床暖房　給水
暖房は床吹出し空気式
余った熱は、浴室や洗面所、台所の給湯に利用

トラブル事例　**「太陽熱利用システム」**：太陽熱温水器の保守管理で見落としがちなのが集熱面の清掃です。特に、勾配のある屋根面に取り付ける時には、清掃を怠りがちになりますが、集熱効率に直結する事項になるため注意が必要です。

シーケンス
制御

シーケンス制御の「シーケンス」とは「連続」「順序」「配列」といった意味です。シーケンス制御は家庭用電気機器にも使用されており、代表的なものが全自動洗濯機です。

スタートボタンを押すと「給水」「洗い」「すすぎ」「脱水」のように自動的に工程が進んでいくでしょう。また、洗濯機のふたを閉めていないと、警告音が鳴ることがあります。「給水」工程が終わって「洗い」工程へ移行するとき、ふたが閉まっていることが設定されているからです。「脱水」工程は開始と同時にタイマーを起動させる設定になっていることが多いです。決められた時間が経過すると「脱水」工程が終わって停止し、終了の警告音が鳴るようにシーケンス制御がされているのです。

このように、機械に行わせる動作を順序正しく記憶させておくことによって、始動ボタンを押せば、後は全部制御装置が動作を進めていってくれるのです。

ビルのエレベーターや自動ドアなど、さまざまな建築設備においてもシーケンス制御は利用されています。

空調・換気・排煙システム

この章では、いろいろな空調・換気・排煙システムや配管・ダクトについて解説します。

いろいろな空調方式

熱媒による空調方式の分類

　空気調和設備は、熱媒による方式分類により、空気方式（ダクト方式）、水方式、空気＋水方式、冷媒方式の４種類に分類されます。

　空気方式（ダクト方式）は、機械室に設置した空気調和機からダクトで各室内に空気を送風する方式です。温度・湿度・清浄度などを調整した空気を一定の風量で各室へ送風する定風量式単一ダクト方式、温度・湿度・清浄度などを調整した空気を必要な風量に応じて調整して各室へ送風できる変風量式単一ダクト方式、冷風と温風の双方とも温度・湿度・清浄度などを調整した空気をふたつの系統のダクトで同時に各室へ送風する二重ダクト方式の３つの方式があります。

　水方式は、ファンコイルユニット方式に代表される方式です。水配管を設けることによって、各室へ冷水および温水を供給し、各室内で冷暖房を行う方式です。

　空気＋水方式は、空気方式と同様に、機械室からダクトで各室内に空気を送風し、各室内の部分負荷をファンコイルユニットまたは放射（輻射）パネルでまかなうダクト併用方式です。

　冷媒方式は、代表的なものに冷凍機を内蔵しているヒートポンプユニット方式があり、空気熱源のものと水熱源のものに分けられ、さらに個別式とマルチタイプに分けられます。熱媒には、冷媒を使用しており、冷媒配管によって熱を搬送します。

運転管理面からの空調方式の分類

　空気調和設備には、運転管理面からの分類もあり、各室を集中的に管理する中央式と、各室の空調機を単独に運転できる個別式とに分けられます。

　中央式の場合は、単一ダクト方式を採用していることもあり、各室の空調の管理は基本的に一元管理になります。全ての室が同じような使い方をする場合に適した方式といえます。また、空調機の保守・管理も分散されていないことが利点といえます。

　一方、パッケージエアコンによる個別式の場合は、各室ごとに空調機を設けているため、各室の使用時間帯や空気温度条件なども各室において自由に設定でき、個別の運転管理が可能です。保守・管理の面では、空調機が各室に分散しているため不利といえます。

　パッケージエアコンによる個別式でも、自社ビルのように就業時間が一元的に管理され、建物自体がひとつの管理下におかれて使用されることもあります。この場合各室のパッケージエアコンは制御線によって連携させて一元管理することができます。空調用換気扇などとも連携し、いわゆる消し忘れなども防止できるため、結果的には中央式と同じ管理が可能となります。

熱媒による空調方式の分類

熱媒による 方式分類	方 式 名 称	内 容
空気方式 （ダクト方式）	定風量式単一ダクト方式	温度・湿度・清浄度などを調整した空気を一定の風量で各室へ供給する方式
	変風量式単一ダクト方式 （VAV方式）	温度・湿度・清浄度などを調整した空気を必要な風量に応じて調整して各室へ供給する方式
	二重ダクト方式	冷風・温風とも温度・湿度・清浄度などを調整した空気を同時に各室へ供給する方式
水方式	ファンコイルユニット 方式	水配管を設けることにより、各室へ冷水および温水を供給する方式
空気＋水方式	ダクト併用方式 （ファンコイルユニット）	室内のファンコイルユニットで冷温水により室温を調整し、屋外空調機で換気・湿度調節をダクトを通して行う併用方式
	パネルエア方式	室内の放射パネルで温度を調節し、屋外の空調機で換気・湿度調整をダクトを通して行う併用方式
冷媒方式	空気熱源ヒートポンプ ユニット方式	空気を熱源として屋外ユニットで冷・温風をつくり、冷媒管で室内ヒートポンプユニットに供給する方式
	水熱源ヒートポンプ ユニット方式	屋外に設置された補助熱源や冷却塔により温度調整した熱源水を、室内ヒートポンプユニットに供給する方式
	パッケージユニット方式	冷凍サイクル機器、送風機などを一体化した室内ユニットで調整した空気を供給する方式

運転管理面からの空調方式の分類

中央式 (単一ダクト方式)

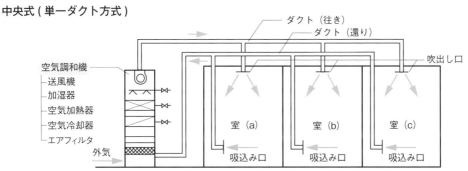

運転面：全ての室内に一定の送風が行われるため、同じような使い方をする部屋に使用される
管理面：各室の空調の管理は基本的に一元管理

個別式 (パッケージエアコン)

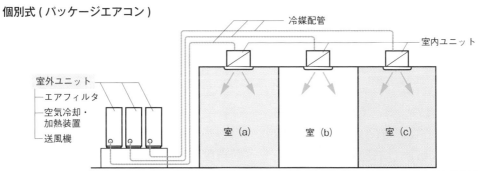

運転面：各室ごとに室内ユニットを設けているため、使用時間帯や空気温度条件なども自由に設定できる
管理面：空調機が各室に分散されているため不利

用語 解説	**「熱媒」**：空調における熱媒とは、装置を加熱または冷却して目的の温度に制御するために、外部の熱源と装置との間の熱を伝える仲介物質のことで、蒸気・温水・温風・油などが用いられる。

定番のダクト方式（空気方式）

ダクト方式は、単一ダクト方式と二重ダクト方式とに大別されます。また、室温制御は、定風量式と変風量式とに分けられます。

単一ダクト方式は空気調和機から各室に1系統のダクト経路で送風され、二重ダクト方式は、冷風と温風の2系統のダクトを用い、混合ユニットで混合して各室内に送風されます。

定風量式は室内への送風量が一定で送風温度を変えて室温を制御し、変風量式は、室内への送風温度を一定とし、送風量を変えて室温を制御します。

定風量式単一ダクト方式

定風量式単一ダクト方式では、各室への送風量は、最大負荷（通常は最大冷房負荷）から決められた設計風量が常に一定に送風され、室温の制御は空気調和機の出口の送風温度を変えて行われます。各室へはほぼ同じ温度の空気が送られるので、各室の熱負荷が同様に変動しないと室温に偏りが生じることになり、質の高い空気調和といえません。

例えば、3室（A、B、C）に対する冷房運転時に、室（A）・室（B）のそれぞれに在室している人数よりも室（C）の在室人数が倍以上多くいたとすると、室（C）は人の発する熱によって熱負荷が大きくなるため室内の温度も上昇します。この場合、室（A）・室（B）と室（C）との温度が混ざり合った空気が空気調和機に還り、空気調和機はこの温度に呼応して、各室の温度を下げるように低い温度の空気の送風を始めます。結果、当初は室（A）・室（B）にとっては適温だったにもかかわらず、低い温度の空気が送られることになり、室内温度は低く不快な方向へ向かいます。

一方、室（C）へ供給される空気の温度は十分な低さにならず、不快な状態の改善にまでは至りません。したがって、この方式を採用するには、空調設備の計画・設計段階から各室の熱負荷が同様に変動するようにゾーニングを行います。

ターミナル・レヒート方式

ゾーン分けした各室の温度偏差を小さくするひとつの方法として、各室への分岐ダクトに再熱器を設けたものがあり、ターミナル・レヒート方式と呼ばれています。この方式では、各室内にあるサーモスタットと再熱器が連携して室温の微調整を行うことにより、最適な室温を確保することができます。また、この方式を採用することにより、結果としてゾーンの分割数を減らすことが可能になります。

しかし、冷房時に、一度冷却した空気を再度加熱するため熱損失が大きく、再熱器とサーモスタットの設置にかかるコストも含めると、経済性および省エネルギーの観点から時代にあった方式とはいえず、一般的なビルでは用いられなくなってきています。

定風量式単一ダクト方式

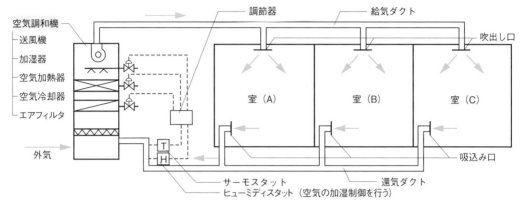

各室への送風量は、最大負荷から決められた設計風量が常に一定に送風され、室温の制御は空気調和器の出口の送風温度を変えて行う。各室へはほぼ同じ温度の空気が送られるので、計画・設計段階から各室の熱負荷が同様に変動するようにゾーニングを行う

ターミナル・レヒート方式

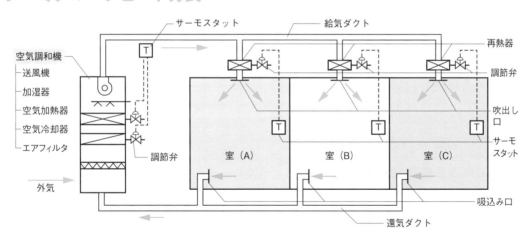

ゾーン分けした各室の温度偏差を小さくするひとつの方法として、各室の分岐ダクトに再熱器を設けたものがあり、各室内にあるサーモスタットと再熱器が連携して室温の微調整を行うことにより、最適な室温を確保することができる

| 用語解説 | **「再熱器」「サーモスタット」**：再熱器は、一度冷却した空気を加熱用温水（または蒸気）コイルで再度加熱して室温の微調整を行う機器。サーモスタットは、室内の温度を調整する装置で、室内の温度を感知し、設定した室内温度付近に保つ働きをする。 |

ちょっと変わったダクト方式

全熱交換器とバイパスダクト

　単一ダクト方式に、全熱交換器や全熱交換器を迂回するバイパスダクト、風量調節ダンパを設けることによって、在室人数の変動に応じて自動的に空気中の二酸化炭素を測定し、連動して風量調節ダンパの開閉を行うことにより外気量を設計値よりも減少させることができます。また、全熱交換器によって、室内の換気を行う際に、室内排気と室内に取り入れる外気との間の熱交換による熱回収で省エネルギーに寄与します。バイパスダクトは、外気温度が室温より低い冬季や中間期に室内の発熱や日射によって冷房負荷が発生した時に、外気を取り入れてそのまま冷房に使います。これを外気冷房といいます。この外気冷房運転時は、冷房のための熱源装置を稼働させる必要がなく、省エネルギーに寄与します。

変風量式単一ダクト方式

　変風量式単一ダクト方式は、各室またはゾーンに設けられた変風量ユニットのダンパで、各室またはゾーンの熱負荷の変化に応じて風量を調節し、室温の調整を行う仕組みです。ただし、各室の必要な外気量は確保しなければならないので、送風量の最小値は決められています。

　変風量式は送風温度が一定で、各室への最大風量は最大冷房負荷から決められています。常に各ユニットの風量が変化

するため全体の風量も常に変化し、空気調和機にある送風機の送風量も風量の変化に応じて制御するため、消費電力を削減することができます。なお、変風量方式は、VAV (Variable Air Volume)あるいは可変風量方式とも呼ばれています。

二重ダクト方式

　二重ダクト方式は、空気調和機で冷風と温風をつくり、それぞれ別のダクトで各室またはゾーンへ送風します。各室またはゾーンには混合ユニットが設けられており、室内のサーモスタットにより混合ユニット内にあるダンパで冷風と温風の混合比を調節し、室の熱負荷に応じた送風温度を作り出します。個室制御やゾーンの数の多い建物でも、混合ユニットを設置するだけで空気調和機の系統数は少なくてすみます。

　また、二重ダクト方式は、冷房から暖房までシームレスな制御ができ、急速な熱負荷変動に対しても制御性が良いなどの利点があります。

　一方、冷房用・暖房用のふたつのダクトが必要でダクトスペースが大きくなり、また混合ユニットでの混合による熱損失があるなど省エネルギーの観点から問題があるため、最近は一般のビルでは採用されなくなりました。

単一ダクト方式＋全熱交換器＋バイパスダクト＋風量調節ダンパ

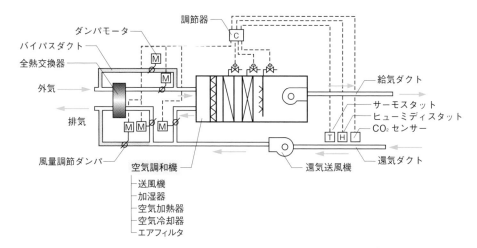

変風量式単一ダクト方式

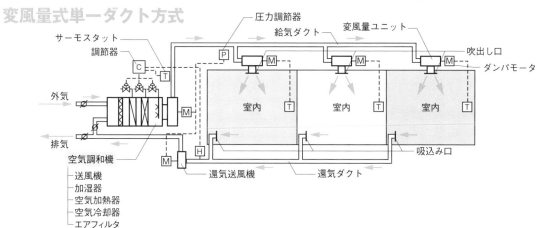

二重ダクト方式

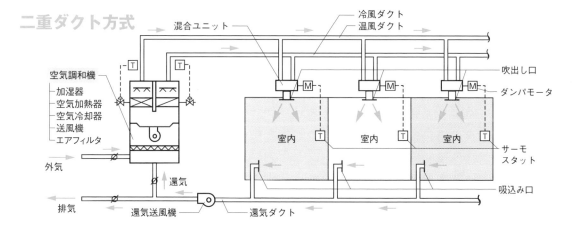

用語解説

「シームレス」：空調設備におけるシームレスとは、室内の空調で暖房から冷房までの範囲において、温度設定の切れ目がないこと。すなわち、必要とする温度は暖房から冷房まで自由に設定できる。

ファインコイルユニット方式の配管

ファンコイルユニットへの冷温水配管の方式には、循環する冷温水の還水方式による分類と、配管本数による分類があります。

還水方式による分類

還水方式には大きく、ダイレクトリターン方式、ダイレクトリターン方式＋定流量弁、リバースリターン方式に分類されます。

ダイレクトリターン方式は、ポンプや熱源機器などに近い機器から順に配管を接続し、機器を通った冷温水はそのまま還り管に順に接続します。この方式では、ポンプに近い機器の配管による摩擦抵抗が小さくなり、逆に遠い機器までの配管による摩擦抵抗は大きくなります。したがって、機器の設置場所の遠近によって流量のアンバランスが起こり易いのが欠点です。それを防ぐために、定流量弁を設けて流量調節が行えるようにする方法もあります。

リバースリターン方式は、往き管は各機器に順に配管を接続し、還り管はポンプに近い機器から遠い機器へ向けて配管することによって各機器を結ぶ配管の長さがほぼ等しくなるようにして、各機器までの全配管抵抗をできるだけ均等にする方法です。この配管方法は、ファンコイルユニットや放熱器など、小型の機器が広い空間に多数連続的に配置されるような場合にはとても有効です。

配管本数による分類

ファンコイルユニットに接続される冷温水配管の本数による分類は、二管式、三管式、四管式の３種類に分けられます。

一般的に採用されている二管式は、往き管と還り管をそれぞれ１本ずつ設け、機器に接続し、冷房時には冷水を、暖房時には温水を供給します。

三管式は、往き管に温度の異なる２本の管（冷水管と温水管）を設けて、機器の熱負荷に応じて機器へ供給する冷水と温水を三方弁により切り替えたり、混合して利用するものです。使用後の冷温水は１本の還り管に流します。この方法は、同じ建物内に冷房と暖房の要求があった場合に満足できる方法ですが、冷水と温水が混合してしまい、経済的にも省エネルギー上も好ましくないため、最近ではほとんど採用されません。

四管式は、往き管と還り管ともに冷水用と温水用別々に専用配管をする配管方式です。混合による熱損失がなく、冷房・暖房が機器ごとに切り替えられます。機器の冷温水コイルが１回路の場合は、冷水または温水を負荷に応じて切り替えて使用し、２回路の場合は、負荷に応じて冷水コイル、温水コイル単独または、両方を同時に作動させて制御します。

還水方式による分類（ファンコイルユニットへの冷温水配管方式）

ダイレクトリターン方式

ダイレクトリターン方式 ＋ 定流量弁

リバースリターン方式

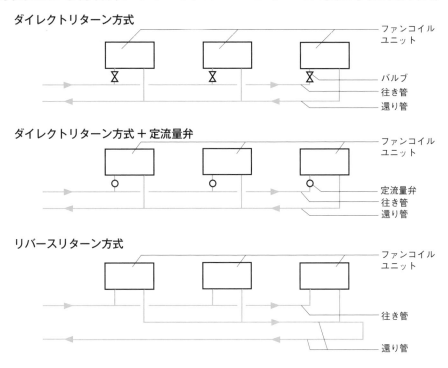

配管本数による分類

二管式（冷水または温水）

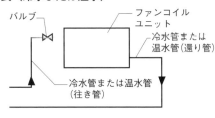

三管式

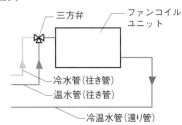

四管式（ファンコイルユニットの
冷温水コイルが1回路の場合）

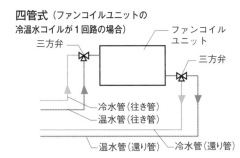

四管式（ファンコイルユニットの
冷温水コイルが2回路の場合）

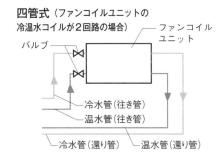

**ワンポイント
アドバイス**　**「冷温水配管の選択」**：建物の用途および規模によって、方式の選択結果は変わります。デリケートな温度が必要な場合には4管式も選択肢に入ります。一般的な事務所ビルなどは、ダイレクトリターン＋定流量弁と2管式の利用が最も一般的な組合せです。

空気＋水方式

二管式ファンコイルユニット方式

代表的な空気＋水方式は、冷温水により室温を調節するファンコイルユニットと、おもに換気および湿度の調整のための空気調和機の組み合わせで室の空気調和を行います。

各室に設置したファンコイルユニットは、送風機と空気の冷却・加熱を行う冷温水コイル、フィルタ、ドレンパンなどで構成されていて、冷温水を供給する往きと還りの2本の冷温水管が接続されています。この方式を二管式といい、この冷温水管には夏は冷水を、冬は温水を供給します。この方式のほか同時に冷房する部屋と暖房する部屋がある場合は、往きの配管を冷水と温水と別々にし、還りの配管は共通にした三管式や、往き還りとも冷水と温水を別の配管にした四管式が用いられます。なお、冷房時に冷温水コイルに付着した凝縮水は、ドレンパンで受け止めてドレン配管により屋外へと排水します。

一般にファンコイルユニットは外気の取り入れは行わないので、換気のために外気用の空気調和機を別に設けてダクトで各室へ給気することで換気を行います。

放射冷暖房方式（パネルエア方式）

放射冷暖房方式（パネルエア方式）は、室内に放射放熱パネルを使用するもので、換気のために空気調和機と組み合わせるダクト方式との併用になります。

放射パネルに冷温水を通す冷暖房パネル型では、冷房時は放射パネルを冷水が通ることにより、日射や照明などの放射熱を効率よく吸収することができ、ダクト方式で受持つ冷房負荷を大幅に減少させることができます。しかし、放射パネル表面の温度を室内空気の露点温度より下げすぎると結露が起きるため、冷水温度を下げすぎないように、一般には露点温度より0.5℃高い温度に設定します。また、ダクト系統で十分な除湿を行うことも必要で、結露防止がこの方式の重要なポイントになります。この方式は、放射パネルの設備費は増加しますが、日射や照明の負荷が大きい部屋では室内送風量がダクト方式より減少するためドラフトが少なく、室内の温度分布も良いという利点もあります。

床パネルに温水を通す床暖房パネル型では、冷房運転時はダクト系統だけで空調を行い、暖房時には両方を使用します。天井の高い部屋や、外気の浸入量の多い部屋、隣室がピロティなどで常に外気と接していて床が冷やされやすい状態になっている部屋など、暖房時にダクト方式だけでは室内の上下の温度差が生じ易い場合に、均一な温度分布が得られ易いことがこの方式の利点です。

二管式ファンコイルユニット方式

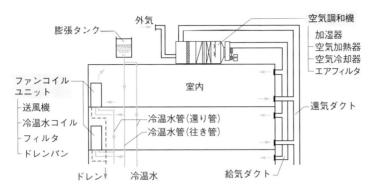

パネルエア方式（冷暖房パネル型）

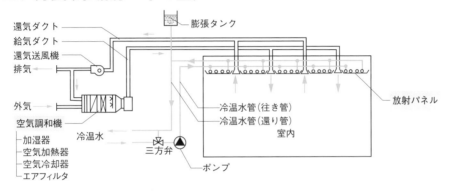

パネルエア方式（床暖房パネル型）

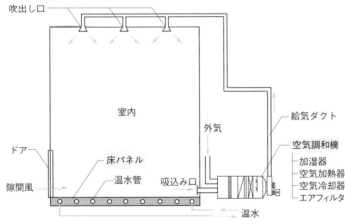

用語解説

「ドラフト」：空調におけるドラフトとは、圧力差に起因する空気の流れ。一般的に、快適な要件として求められている室内における風速は0.5m/秒以下で、これを超えた空気の流れが人間の肌に直接触れると不快感を感じる。ドラフトは、人体にとって不快な感じの気流のことを指す場合もある。

冷媒方式

空気熱源ヒートポンプユニット方式

　空気熱源ヒートポンプユニット方式は、小型ヒートポンプユニットを用いて各室へ個々に設置して空調を行う方式で、以下のような種類と特徴があります。

　マルチユニット方式は、1台の屋外ユニットに対し複数の室内ユニットを接続し、個別の運転ができます。室内ユニットがひとつにまとまるので、スペースが少なくてすみます。

　ウォールスルー型は、外壁をくりぬいた状態の部分に設置して空調を行います。屋外機と室内機が一体になっており、外気の取り入れも可能ですが、外壁側に設置するため常に雨掛かりとなり、防水処理が重要になります。

　スプリット型は、屋外ユニットと室内ユニットを分けて冷媒配管で接続するタイプです。設置する数量分の屋外ユニットを置くスペースが必要になります。

　この方式の特徴は、個別運転・制御が容易であることと、単品で独立しているので据付けや保守管理、増設やリニューアルが容易であることです。ただし、大規模建築で数多く設置する場合は、保守管理上不利になりやすく、加湿および空気浄化能力が劣ります。

水熱源ヒートポンプユニット方式

　水熱源ヒートポンプユニット方式は、補助熱源や冷却塔などにより温度調整した熱源水を利用します。場合によっては年間を通して温度が安定している井戸水を利用することもできます。この熱源水を室内ユニットに送り、冷暖房を行います。また、冷房・暖房負荷が同時に発生する場合でも熱回収が可能なので、冷房と暖房を同時に運転することができます。

　この方式の特徴は分散配置が容易で、個別運転および制御も容易なことです。また、冷房・暖房の切り替えも容易で、冬季の熱回収も可能です。ただし、空気熱源ヒートポンプユニット方式と同様、加湿および空気浄化能力が劣ります。

パッケージユニット方式

　パッケージユニット方式は、圧縮機・凝縮器などの冷凍サイクル機器、送風機、フィルタ、制御システムを一体化したユニットにより、室内へ調整した空気を送風して空調します。ユニットの機種および能力は豊富で、温水や冷却水、冷却塔を用いない空気熱源ヒートポンプパッケージユニットもあります。

　この方式の特徴は、分散配置が容易で、個別運転および制御も容易なことです。ただし、パッケージのケーシング内に冷凍機が入っており、設置場所が空調する部屋の近くにあることが多いので、冷凍機の運転音が伝わる場合があるなどの問題もあります。

空気熱源ヒートポンプユニット方式

マルチユニット方式

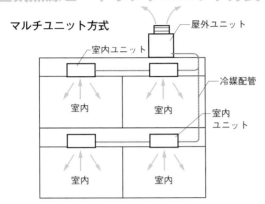

ウォールスルー型

スプリット型

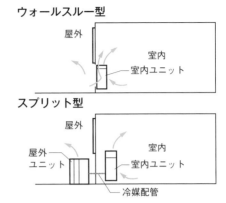

水熱源ヒートポンプユニット方式

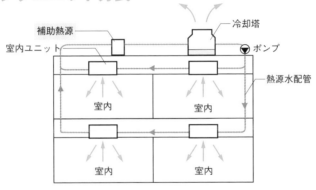

パッケージユニット方式

水熱源パッケージユニット方式

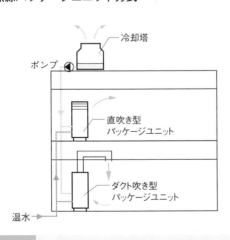

空気熱源ヒートポンプ
パッケージユニット方式

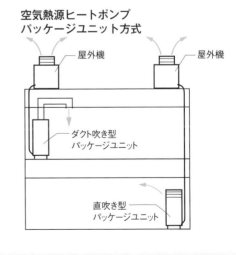

ワンポイント アドバイス　**「冷媒方式の保守管理」**：冷媒方式の保守管理で特に注意を要するのは、配管からの冷媒の漏れです。これは、配管の継手部分などの施工不良や、冷媒が水の場合は、水質の劣化による配管の腐食に起因します。

暖房方式

個別暖房と中央暖房

一般に暖房設備とは、居室などの温度を所定の値に保ち、外部への熱損失を補うために熱量を室内に供給する設備のことをいいます。

暖房設備として最も簡単なものは個別暖房で、各室に直接電力、ガス、油、薪、ペレットなどのエネルギーを供給し、それらによってストーブ、ファンヒータなどの機器を用いて暖房する設備です。一般に、個別暖房は小規模建物に適しており、室内空気環境の観点から、室内空気を汚さないＦＦ方式（ガス焚き、石油焚き）、電気式、ヒートポンプ式エアコンなどが用いられます。

中央暖房は、ボイラや温風炉によって蒸気または温水や温風を作り、配管やダクトによって各室に分配し、室内に熱を供給します。搬送方法によって大きく直接暖房と間接暖房に分類されます。

直接暖房と間接暖房

直接暖房は、温水または蒸気などの熱媒を直接室内の放熱器へ供給して放熱させる方式で、ファンコイルユニットやラジエータ（蒸気暖房器）などがこれに該当します。

間接暖房は、中央機械室または各階の機械室で熱媒と空気を熱交換させて温風を作り、この温風を各室へ供給して暖房する方式で、温風炉（温風を作り出す機器）とダクトによって各室へ温風を供給する方式です。

蒸気暖房と温水暖房の特徴

蒸気暖房は、蒸気の凝縮潜熱を利用する方法です。

その長所は、装置全体の熱容量が小さく余熱時間が短いため、始動が早く間欠運転に適している、熱媒の温度が高く、放熱器が小さくてすむ、寒冷地でも凍結事故が少ない、設備費が割安などです。

短所は、負荷変動に対する放熱器の調節が困難、放熱温度が高いため、室内上下の空気に温度差が生じ易く快適さが損なわれ易い、還水管の腐食が早く、装置の寿命が短いなどです。さらに、火傷にも注意が必要です。

温水暖房は、温水の顕熱を利用する方法です。長所は、負荷変動に対しての温度調節が容易で、放熱温度も低く暖房感は良好です。

短所は、装置の熱容量が大きいため余熱時間が長く燃料消費量も多い、放熱器や配管径が大きくなり、全体として設備費はやや高くなる、寒冷地では停止中に保有水が凍結して破損する恐れがあるなどです。

従来、中央暖房の熱媒には、温水や蒸気が多く用いられてきましたが、最近では電気やガスなども多く用いられるようになりました。

各種個別暖房方式の特徴

	機器	燃料	特徴
個別暖房	電気ストーブ	電気	電気を熱に変えて暖房を行う。熱効率が高く、持ち運び、点火消火も比較的容易
	ヒートポンプ式エアコン		温熱源と冷熱源の両方を用いて、暖房または冷房を行う補助熱源に電熱器、電気ボイラを使用するものがある
	ガスストーブ	ガス	ガスを燃焼させることによる熱を暖房に用いる。FF式以外の機器は定期的な換気が必要となる
	石油ストーブ	石油	石油を燃焼させることによる熱を暖房に用いる。FF式以外の機器は定期的な換気が必要となる
	暖炉、薪ストーブ、ペレットストーブ	薪・ペレット	薪やペレットを燃焼させることにより、熱を室内に伝える

各種中央暖房方式の比較

項　目		蒸　気	温水（普通）	高温水	放　射	温風炉
熱媒		蒸気	温水	高温水	温水	空気
熱媒温度（℃）		100～110	60～80	110～150	50～60	30～50
放熱体		放熱機	放熱器	放熱器	パネル	なし
1㎡当たり放熱量（W／㎡）		755	465	930	116	なし
設備費	（大規模）	小	大	中	大	中～大
	（中規模）	小	中	大	大	中～大
	（小規模）	中	小	大	大	小～中
快感度		普通	良	普通	最も良	良
換気と併用		別の方法	別の方法	別の方法	別の方法	共用
施工		容易	容易	高度技術必要	特殊技術必要	容易
維持管理		ややめんどう	容易	容易	容易	普通
熱効率		普通	良	最も良	普通	普通
自動制御		ややむずかしい	容易	容易	普通	普通
適用建築物		地域暖房 大規模ビル 工場 学校	小～中規模ビル 独立住宅 集合住宅 病院	地域暖房 低層の大規模ビル 工場 学校 住宅群	ホール 銀行営業室 工場（高温放射） 住宅	工場 事務所 住宅

用語解説　「FF方式」：FF方式とは、燃料の燃焼に必要な空気を外気から直接取り入れ、排ガスを直接排気する強制給排気式暖房方式。

熱源装置の熱源方式

　空気調和設備に用いる熱源装置は、大きく冷熱源と温熱源に分かれます。代表的な冷熱源には冷凍機が、温熱源にはボイラなどがあります。さらに、使用するエネルギーから右表（上）のように分かれます。

　なお、右表（下）は、一次エネルギー国内供給の推移を示しています。

電気ー燃料方式

　電気ー燃料方式は、冷熱源には電動の冷凍機を用い、温熱源には石油・ガスを燃料としたボイラや温風暖房機などを用います。この冷凍機とボイラを用いた方式は、従来、一般のビルで多く見られた組み合せです。

全電気方式

　全電気方式は、電動式ヒートポンプチリングユニットを冷熱源・温熱源にした方式です。電動式ヒートポンプチリングユニットで冷水・温水を供給して冷暖房を行います。屋外に設置でき、1台の熱源装置で冷暖房が行えるためコンパクトにまとめることができ、機械室スペースを小さくできるようになりました。このことから、従来の冷凍機とボイラを用いた電気ー燃料方式に替わって、一般のビルでの採用が増えました。

　昨今は、夏季に冷房の需要が増加し、昼間の電力不足が起こりやすくなっています。各電力会社は、この昼間の電力需要を夜間に移行するために、夜間電力の料金を安く設定しており、この夜間電力を利用して蓄熱運転ができる蓄熱式ヒートポンプ方式というものもあります。

全燃料方式

　全燃料方式は、石油またはガスを燃料として、吸収式冷温水機、ボイラ＋蒸気タービン駆動冷凍機、ボイラ＋吸収式冷凍機などを冷熱源・温熱源にした方式です。これらの熱源装置を用いて、冷水・温水を供給して冷暖房を行います。

　燃料は、石油と比較して大気汚染が少なく、建物内に貯蔵施設が不要な都市ガスへの転換が進んでいます。また、都市ガスは夏季の需要が少ないため、安価な冷房料金の設定を利用できるメリットもあります。

その他の熱源

　太陽熱は、温熱源に集熱器を、冷熱源に温水を利用した吸収式冷凍機を用いて温水と冷水の供給を行います。クリーンなエネルギーですが、天気の具合によって集熱が左右されるという難点があります。

　排熱は、工場などの温排水は吸収式冷凍機に、高温ガス（高温の排ガスなど）は吸収式冷温水機の熱源として利用されています。

　また、最近では自家発電装置の排熱を利用したコージェネレーションシステムによる熱源の利用も増加しています。

熱源装置の熱源方式

方　式	冷　熱　源（使用エネルギー）	温　熱　源（使用エネルギー）
電気－燃料方式	冷凍機（電気）	ボイラ（石油、ガス） 温風暖房機（石油、ガス）
全電気方式	ヒートポンプ（電気） 補助熱源に電熱器、電気ボイラを使用するものがある	
全燃料方式 ポンプ、送風機などには一般に電力が使用される	直焚式吸収式冷温水機（ガス、石油）	
	内燃機関駆動ヒートポンプ（ガス、石油）	
	蒸気タービン駆動冷凍機　◀	ボイラ（石油、ガス） 蒸気　◀
	吸収式冷凍機　◀	ボイラ（石油、ガス） 蒸気、高温水　◀
その他 / 太陽熱	吸収式冷凍機　◀	集熱器（太陽熱） 温水　◀
その他 / 排熱	吸収式冷凍機（温排水）	熱交換器（温排水）
	吸収式冷温水機（高温ガス）	

一次エネルギー国内供給の推移

（単位：PJ※）

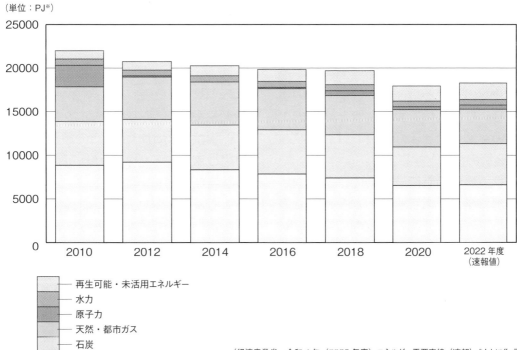

凡例：
- 再生可能・未活用エネルギー
- 水力
- 原子力
- 天然・都市ガス
- 石炭
- 石油

（経済産業省　令和4年（2022年度）エネルギー需要実績（速報）をもとに作成）
※　PJ（ペタジュール）：エネルギーの単位。1ペタジュールは1ジュールの1000兆倍

ワンポイントアドバイス

「電動式ヒートポンプチリングユニットの管理」：電動式ヒートポンプチリングユニットの日常的な運転中の点検は、電圧・電流が適切か、圧縮機内の油が汚れていないか（圧縮機サイトグラスを通して目視で行う）、冷温水の出口温度が所定の温度内にあるか、機器の異常音や異常振動がないかなどです。

蓄熱式ヒートポンプ方式

蓄熱式ヒートポンプ方式の仕組み

一般のビルのように、夜間はほとんど空調を行わない建物では、熱源装置を夜間も運転して蓄熱し、翌日の昼間の空調に利用することで、熱源装置の装置容量を大幅に軽減することができます。

通常、熱源装置は、空調熱負荷計算にもとづいて選定されます。「装置負荷」曲線のピークの値が建物の最大熱負荷であり、本来の装置の容量でもあります。また、右図（上）のAの面積が建物の1日当たりの全熱負荷となります。さらに、この図の時間軸と平行に2種類の熱源装置の運転モードの線がありますが、いずれの場合もB、Cの面積で表現された建物の1日分の空調負荷をまかなえれば、それが熱源装置の容量となります。

これら熱源装置には電動の冷凍機やヒートポンプを使用するものが多く、そのエネルギーとなる電力が夜間の安価な料金を利用できることから、運転費も削減できるというメリットもあります。

一般に蓄熱には、水や氷を蓄熱媒体とした蓄熱槽が用いられています。

水利用の蓄熱槽

水蓄熱は、蓄熱槽内の水温の変化（顕熱）を利用するもので、このときの水温変化（温度差）は5〜8℃程度です。

また、蓄熱槽は大きな容量を必要とし、一般のビルでは地下床下の二重スラブの空間が利用されます。

ヒートポンプは、出入口水温が一定かつ定流量の定格運転を行います。必要な熱量がたまったら運転を止めるため、常に効率のよい運転となります。

一方、空気調和機側の冷温水は、蓄熱槽を有効に利用するために変流量制御で運転を行い、建物の空調熱負荷の変動に応じて空気調和機で必要とされている量だけ運転を行います。

一般的な蓄熱式ヒートポンプ方式のシステムの例は、右図（下）のようになります。

氷利用の蓄熱槽

氷蓄熱は、氷の融解潜熱（334kJ/kg[79.7kcal/kg]）および水の顕熱の両方を利用します。このことから容積当たりの蓄熱量が非常に大きくなり、蓄熱槽が小さくてすみます。なお、水槽内の水の全てを氷らせることはできないため、氷充填率（全容量に対する氷の比率）が60％程度以下のものが一般的です。

氷蓄熱では、利用できる冷水の温度が2〜4℃と低いので、空気調和機に循環させる冷水の量が少なくてすみ、ポンプの動力も小さくてすみます。また、蓄熱槽自体も小さいので、中小のビルでは屋上に設置することもできます。

運転時間による熱源装置の容量と熱負荷の変化

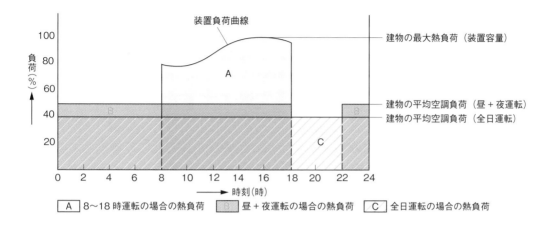

A　8～18時運転の場合の熱負荷　　B　昼＋夜運転の場合の熱負荷　　C　全日運転の場合の熱負荷

蓄熱式ヒートポンプ方式のシステム例

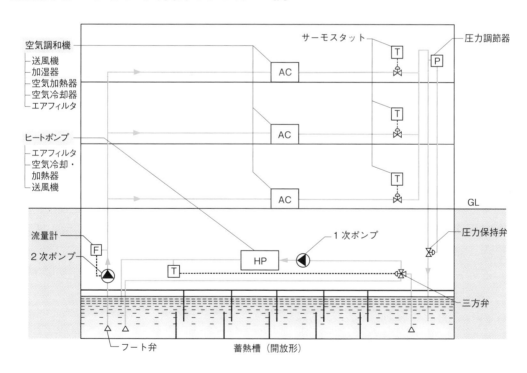

用語解説	**「二重スラブ」**：スラブとは板状のものを意味し、建築では垂直荷重を支える床および基礎構造をいう。ここでいう二重スラブは、建物の基礎スラブの上部に空間を設けて別の床スラブを設けたもの。一般的にこの空間は、汚水槽や雑排水槽、消火水槽、蓄熱水槽などに利用される。

コージェネレーションシステム

最新の火力発電設備では発電効率が50％を超えるものも出てきましたが、一般的な火力発電設備の発電効率は30〜40％程度といわれ、通常、残りのエネルギーは排熱として捨てられています。この排熱を冷暖房や給湯に利用することができれば、電力と熱を含めた総合効率は大幅に増加します。このように、熱機関を用いて動力と熱とを同時に供給するシステムがコージェネレーションシステムです。

コージェネレーションは、熱機関、排熱回収システム、発電システムの三大主要部から構成されていて、熱機関に使われるものとしては、ガスタービン、ガスエンジン、ディーゼルエンジンの３つに分類できます。近年、上記の熱機関の利用以外で、燃料の化学エネルギーを直接電気エネルギーに変換することを利用した発電効率の高い燃料電池も登場しています。化学反応によって電気のほかに熱も利用でき、熱回収効率も80％以上得られます。主な特徴は、発電効率が高く小容量でも効率が高いこと、機械的な可動部分がないので騒音や振動が低いことなどです。製品コストの低減が今後の課題です。

ガスタービンとガスエンジン

ガスタービンとガスエンジンの原理は、基本的にどちらも熱エネルギーを回転エネルギーに変換して発電機を動かす仕組みです。

ガスタービン発電機の場合、発電を行うときに出てくる排熱は、約500℃前後の高温の排ガスとして排出されます。その排ガスを、排ガスボイラによって圧力1.0〜1.6MPaの蒸気の形にして熱エネルギーを回収します。

この蒸気で蒸気二重効用吸収冷凍機を運転するため、ガスエンジンの排ガス利用の場合よりも効率的に冷水を製造することができます。電力と熱回収をあわせた総合効率は60〜85％程度となります。

ガスエンジン発電機の場合、発電を行ったときの排熱は、排ガスとジャケット冷却水のふたつの形態で排出され、回収方式には温水方式、温水・蒸気方式、低圧蒸気方式があります。

いずれの回収方式の場合も、熱交換器で約85〜95℃の温水にして利用するため吸収式冷凍機は単効用となり、二重効用のガスタービンと比べると冷水を製造する効率は低くなります。ガスエンジンの電力と熱回収とあわせた総合効率は55〜90％程度となります。

ディーゼルエンジン

ディーゼルエンジンで発電を行うときの排ガスには、煤が含まれているため、排ガスボイラには煤とりのできる流動層熱交換器などが必要となり手間やコストがかかります。

ガスタービンとガスエンジンの原理比較

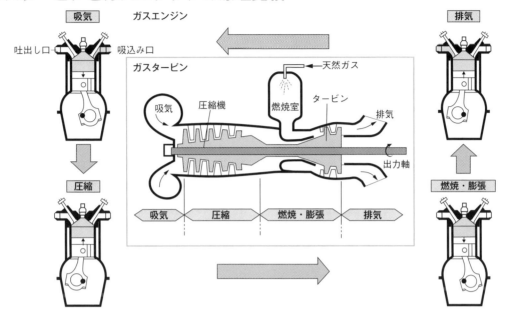

吸気　ガスエンジン　　　　　　　　　　　　　　　　排気

吐出し口　吸込み口

ガスタービン　　　　　←天然ガス

吸気　圧縮機　燃焼室　タービン　排気

出力軸

吸気　圧縮　燃焼・膨張　排気

圧縮　　　　　　　　　　　　　　　　燃焼・膨張

コージェネレーションシステムの構成と効率

ガスタービン発電の場合

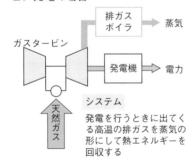

排ガスボイラ → 蒸気

ガスタービン

発電機 → 電力

天然ガス

システム
発電を行うときに出てくる高温の排ガスを蒸気の形にして熱エネルギーを回収する

ガスタービンのエネルギーフロー

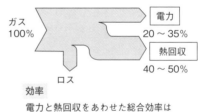

ガス100%

電力 20～35%

熱回収 40～50%

ロス

効率
電力と熱回収をあわせた総合効率は60～85%程度

ガスエンジン発電の場合

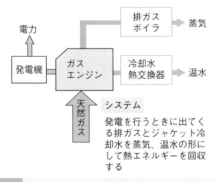

電力

排ガスボイラ → 蒸気

発電機　ガスエンジン　冷却水熱交換器 → 温水

天然ガス

システム
発電を行うときに出てくる排ガスとジャケット冷却水を蒸気、温水の形にして熱エネルギーを回収する

ガスエンジンのエネルギーフロー

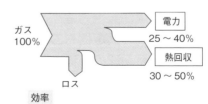

ガス100%

電力 25～40%

熱回収 30～50%

ロス

効率
電力と熱回収をあわせた総合効率は55～90%程度

| 用語解説 | **「ジャケット冷却水」**：ガスエンジンのシリンダヘッド内の燃焼室天井壁や排気通路周囲を冷却する冷却水のこと。コージェネレーションシステムでは、このジャケット冷却水によって熱交換を行うことで、ガスエンジンの排熱を利用する。 |

ゾーニング

ゾーニングと熱負荷

　一般的に、同じ建物内でも部屋の位置、場所、形状、レイアウトなどによって必要な空気の質も変わり、冷暖房の熱負荷のようすは異なってきます。

　例えば、外壁が面する方位により日射による熱取得の変動があることや、各室の用途、人員、使用時間が異なることにより熱負荷の最大値となる時間帯が異なることなどが、熱負荷の計算や予測に対して影響を与えます。このような場合に、あらかじめ建物内の空調を行う空間を熱負荷の状態がおおよそ等しい傾向の区域に分け、それぞれの区域ごとに空調系統を設けます。

　このように、建物内をいくつかの区域に分けて空調を検討することをゾーニングといい、分割したそれぞれの区域のことをゾーンといいます。熱負荷計算の結果をふまえて適切なゾーニングを行うことで最適な室内環境が実現できると同時に、最適な空調方式の選定にもつながるのです。また、運転管理の面においても効率的な運用が可能になるのです。

方位別のゾーニング

　建物の平面計画と方位別の基本的なゾーニングは、建物の外皮の部分(外壁側)で外部環境の影響を直接受ける熱負荷の変動が激しいペリメータゾーン(外部ゾーン)と、外部環境の影響を直接受けること

の少ないインテリアゾーン(内部ゾーン)とに分けられます。ただし、建物の外皮の部分でも窓がほとんどなく断熱性の高い外壁の場合や、窓部からの日射の遮蔽性を高めた構造になっている場合などで、熱負荷変動が計算によって明らかに穏やかであることが確認できれば、ペリメータゾーンとインテリアゾーンに分離しないこともあります。また、建物の平面形状が扁平で、部屋の奥行きが10m以内の場合はインテリアゾーンを設けない場合もあります。

　建物の方位別各ゾーンの熱負荷特性と建物の形状や規模、用途などを把握したゾーニングにより、熱負荷の変動に対して適切なゾーニングが可能になります。

用途別ゾーニング

　部屋の用途や使用時間が異なれば、熱負荷の性質も異なってきます。

　例えば、同じ事務所ビル内でも、一般事務室と会議室や特殊な室内条件を要求されるコンピュータ室など大きく熱負荷が異なる部屋、使用される時間帯の異なる管理室などは、それぞれの部屋における熱負荷が異なるため空調設備を別系統として計画・設計することになります。

　適切なゾーニングのもとに空調設備が計画・設計されていると、適切な運用・管理が可能になるのです。

方位別ゾーンの熱負荷の特性

名称	方位	熱負荷特性
ペリメータゾーン（外部ゾーン）	東側	夏は、朝8時の冷房負荷が最大で、午後には小になる
	西側	夏は、朝の冷房負荷は小さいが、午後4時の負荷が最大となる 冬の北西風のあるときは、暖房負荷は北側に次いで大きい
	南側	夏の冷房負荷は大きくないが、中間期（4月・10月）の正午の冷房負荷は夏の東西面と同程度になる
	北側	夏の冷房負荷は小さいが、日射がなく風当りが強い冬の暖房負荷は他の方位に比べて大きくなる
インテリアゾーン（内部ゾーン）		冬の暖房負荷は少なく、午前中の予熱負荷を除けば、電灯や人体からの発熱による夏の冷房負荷のみとなる。ただし、最上階のインテリアゾーンは終日、暖房負荷を生ずる

建物規模・構造による平面ゾーニングの例

大規模建物 (センターコアプラン)

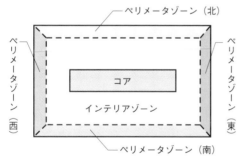

4ペリメータゾーン＋インテリアゾーン

大規模建物 (セパレートコアプラン)

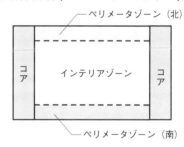

2ペリメータゾーン＋インテリアゾーン

小規模建物 (エンドコアプラン)

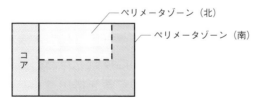

夏の冷房負荷

▨	朝8時が最大、午後は小さくなる
▨	朝は小さいが、午後4時に最大になる
▨	大きくない
□	小さい
□	午前中の余熱負荷を除けば、電灯や人体からの発熱のみ

用語解説

「熱負荷」：熱負荷とは、所定の温度を保つ時に必要とする熱量で、顕熱と潜熱の総量
※顕熱：物質に熱の移動があった場合に、その移動に伴う物質の温度変化に作用した熱
潜熱：一定圧力のもとで物質に熱を与え、物質が状態変化をする間は温度は変化しない。この状態変化に作用した熱

換気システム

換気の目的

換気の目的は、密閉された室内の汚染された空気や熱や水蒸気さらには臭気などを除去し、室外から酸素と清浄な外気を供給することです。

一般のビルで換気が必要とされるのは、居室、便所、洗面所、調理室、機械室、駐車場などで、換気によって除去する主な汚染物質には、塵埃、炭酸ガス、一酸化炭素、揮発性化学物質、臭気、煙などがあります。

自然換気と機械換気

換気の方法には大きく自然換気と機械換気の2種類があります。

自然換気は、屋外の風による圧力差や建物内外の温度差による空気の浮力を利用した方法です。冬に暖房した部屋で窓を開けると、室内の暖かい空気は窓の上部から外へ逃げ、同時に冷たい外気は窓の下部から室内に入り込んできます。これが空気の浮力を利用した換気方法です。

一方、機械換気は、送風機を用いて強制的に換気を行う方法で、その原理と仕組みによって、第1種機械換気方式、第2種機械換気方式、第3種機械換気方式の3種類に分けられます。

第1種機械換気方式

給気用送風機と排気用送風機を設けて、給気・排気ともに送風機で強制的に行う換気方法で、室内の静圧(空気圧)は任意に設定できます。おもに機械室、電気室、倉庫、駐車場などに採用される方式です。一般的には、外気を浄化するためのエアフィルタが必要です。

第2種機械換気方式

給気のみを給気用送風機で強制的に行い、排気は排気口や開口部(窓や扉)から屋外に自然排出を行う換気方法です。常に強制的に室内へ空気を供給するため、室内の静圧は正圧になり、排気口や開口部からだけでなく室内の壁や建具などのすきまからも屋外または隣室などへ空気が逃げることになります。この方式は常に室内を清潔に保たなければならないような場合や、ボイラなどへの燃焼空気が必要な場合などに用いられます。この方式も一般的には、外気を浄化するためのエアフィルタが必要です。

第3種機械換気方式

給気は給気口や開口部から外気などを自然流入させ、排気のみを排気用送風機で強制的に換気を行う方法です。強制的に室内の空気を排出するため、室内の静圧は負圧になります。調理室や浴室、便所など、ほかの室に煙や水蒸気、臭気などが漏れるのを防ぐ必要がある場所に用いられます。給気口の位置や大きさは、十分な給気量の確保や気流の経路を考慮した配置が大切です。

機械換気方式の分類

第 1 種機械換気方式

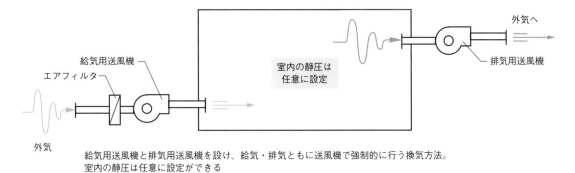

給気用送風機と排気用送風機を設け、給気・排気ともに送風機で強制的に行う換気方法。
室内の静圧は任意に設定ができる

第 2 種機械換気方式

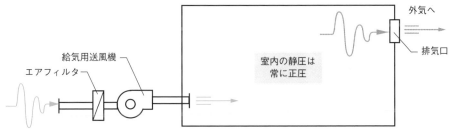

給気のみを給気用送風機で強制的に行い、排気口や開口部から自然排出を行う換気方法。
常に室内を清潔に保たなければならないような場合に用いられる

第 3 種機械換気方式

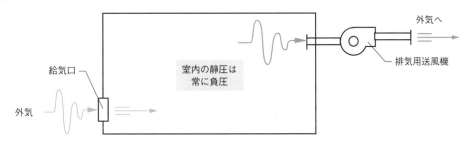

給気口や開口部から外気などを自然流入させ、排気のみを排気用送風機で強制的に行う
換気方法。ほかの室に煙や水蒸気、臭気などが漏れるのを防ぐ必要がある場合に用いら
れる

| 用語解説 | 「静圧・正圧・負圧」：静圧とは、流体が実際に外界におよぼす圧力（例えば、ダクト内ではダクトを膨らませようとする力）。正圧は大気圧（1 気圧）に比べて高い気圧、負圧は大気圧に比べて低い気圧。 |

排煙設備

火災の性状

一般的な火災の進行モデルは、初期の炎が小さい状態から、炎が家具や壁面などに燃え移り、天井に達すると急激に拡大し、フラッシュオーバという現象を起こし最盛期に入ります。このフラッシュオーバが火災の重要なポイントとなります。人命の被害を防ぐためには、これ以前に消火するか、避難を完了させるかのいずれかが必要になります。排煙設備の重要な役割は、人命の被害を防ぐために、避難を完了させるまでの時間的猶予を確保することです。

排煙設備の目的

ビルや地下街の火災では、人命の被害は火によるものよりも、煙によるものの方がはるかに多く、人命被害を防ぐためには、以下のように煙を「制御する」ことが重要になります。

①人が在室または避難している間、その空間の煙の濃度を人間が耐えうる限界の状態以下に保つ。

②煙が建物内の火災室以外の室に拡散することを防ぐ。

③避難通路や消防に重要な区画である特別避難階段の付室や、非常用エレベータの乗降ロビーなどに煙が侵入することを防ぐ。

これらの目的を達成するための方法が、防煙・排煙設備と区画化です。

大規模なビルや不特定多数の人が集まる特殊建築物などは、建築基準法や消防法によって排煙設備の設置が義務づけられています。

自然排煙と機械排煙

排煙方式には、自然排煙方式と機械排煙方式があります。

自然排煙方式は、煙の浮力を利用して、窓または排煙口から直接屋外に排出する方法で、天井が高い大空間に有効です。

機械排煙方式は、基本的に吸込み式の排煙設備になりますが、送風機により強制的に排煙を行う方法で、建築基準法施行令に、排煙風量、排煙口の位置および形状、排煙装置の動作、排煙用ダクトの材料および構造、排煙ダクトの防火区画貫通部の構造、排煙機の能力・動力・耐熱性能などについて詳細に規定されています。また、建築基準法の特認条項により、現行法と同等以上の効果が認められた場合には、加圧排煙方式などの利用が可能になります。

防煙区画とその構造

防煙区画は、不燃材の防煙壁で仕切られた区画で、その構造は煙の拡散を防ぎ、局部的に排煙を行うために用いられます。また、防煙区画は、面積、用途区画、避難区画、竪穴区画などが建築基準法や消防法によって規定されています。

火災進行モデル

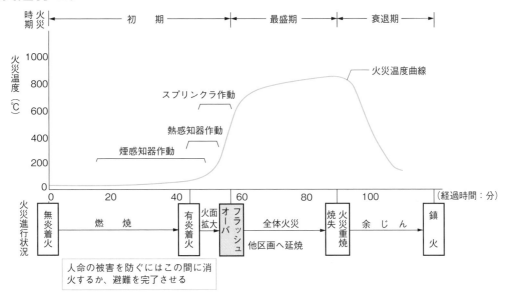

排煙設備に関するおもな諸規定一覧

対　象	該当する法令	概　要
排煙設備設置の法的根拠	建築基準法第35条	特殊建築物・階数3以上の建物、政令で定める窓その他の開口部を有しない居室を有する建築物、または延べ面積が1000㎡を超える建築物には、排煙設備を政令で定める技術的基準に従って設ける
排煙設備の設置基準	建築基準法施行令第126条の2第1項	排煙設備の設置義務のある建築物ならびに免除建物またはその部分の基準： 　排煙設置義務…延べ面積500㎡を超える特殊建築物および階数3以上の建築物ほか
自然排煙口の窓	建築基準法施行令第116条の2第1項　第2号	政令で定める窓の基準： 　排煙に有効な高さにおいて当該居室の床面積の1/50以上の開口面積を有すること
排煙設備の構造	建築基準法施行令第126条の3	排煙設備の構造の規定： 　500㎡以内ごとに防煙壁で区画すること 　排煙口は有効な防煙高さ内に設ける 　排煙機は120㎥/min以上、および1㎡につき1㎥/min以上、床面積1,000㎡を超える地下街を有する建物は、中央管理室で制御および監視を行うこと 　国土交通大臣が定めた特殊な構造の排煙設備を設けた場合における、これら規定の適用除外
排煙設備の電源設備	建築基準法にもとづく昭和45年告示第1829号	電気配線：専用電源配線 配線方法：耐熱電線を使用し、不燃材で区画すること 非常電源：30分以上接続して作動する容量

用語解説　「フラッシュオーバ」：火災による熱で室内の可燃物から引火性のガスが発生、充満した場合や、可燃性素材の内装材などが輻射熱などによって一気に発火した場合、爆発的に延焼する火災現象。

吹出し口・吸込み口

快適な空気調和のためには、室内の居住空間の温度がほぼ均一で、気流速度の過大なところがないことなどが要求されます。このような室内の温度や気流の分布に影響する要素には、吹出し風量や速度、吹出し温度差、吹出し口の形状、吹出し口・吸込み口の配置などがあります。また、空気の性質上、冷房時の冷風は浮力によって下降しようとし、暖房時では上昇しようとする力が働くため、この点も考慮する必要があります。

吹出し風量と速度

一般に室内の気流は、吹出し風量が多いと吹出し速度も上昇します。これが過大になると直接人体に当たってドラフト(不快感)を感じさせることになり、逆に過小になると室全体に拡散しない(不均一)ということになりがちです。吹出し口の形状や位置が異なると同じ居住空間でも人体が感じる感覚が変わります。

吹出し温度差

一般に冷房時では、吹出し温度差は結露の発生しない10℃以下が望ましい値です。夏季、屋外の気温と室温との温度差が10℃を超えると、室内に入った時に不快を感じやすくなるので注意が必要です。

吹出し口の種類と形状

吹出し口の形状は、大きく軸流吹出し口とふく流吹出し口に分けられます。

軸流吹出し口には、ノズル形、グリル形、スロット形などがあります。吹出し空気の到達距離は、気流の中心速度が0.25m/sになるまでの距離をいいます。

軸流吹出し口から吹出される空気は、ノズル形、グリル形、スロット形いずれの場合も周囲の空気を誘引・混合しながらほぼ一定の角度で広がります。

ふく流吹出し口には、アネモ形、パン形などがあります。ふく流吹出し口の場合の吹出し空気の到達距離は、気流速度が0.25m/s になる半径(拡散半径)をいいます。アネモ形およびパン形は、吹出し口の首の部分にある整流板の上げ下げの操作をすることによって、夏季は水平吹出し、冬季は垂直吹出しに使い分けることができます。

軸流吹出し口とふく流吹出し口どちらの形状のものも、吹出し速度が大きくなると騒音も大きくなるので注意が必要です。

吸込み口の形状

吸込み口の形状では、スリット型のものが一般的に最も多く使われています。吸込み空気の気流速度は、天井面で3.0～5.0m/sが一般的です。

吹出しによる室内の気流の流れ

吹出し口が室内の中央にある場合

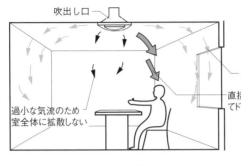

吹出し口

過小な気流のため室全体に拡散しない

適当な気流

直接人体に当たってドラフトを感じる

吹出し口が室内の端にある場合

吹出し口　過小な気流のため室全体に拡散しない

軸流吹出し口の形状

ノズル形吹出し口

グリル形吹出し口

スロット形吹出し口

（写真提供：空調技研工業株式会社）

ふく流吹出し口の形状と吹出し方

アネモ形吹出し口

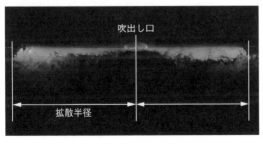

パン形吹出し口

水平吹出し（夏季冷房時）

吹出し口

拡散半径

垂直吹出し（冬季暖房時）

吹出し口

到達距離

（写真提供：空調技研工業株式会社）

用語解説

「軸流とふく流」：軸流吹出し口からの気流は、ひとつの点から円錐状に広がる軸に対称な噴流のことをいい、性能のひとつに「到達距離」で表す。ふく流吹出し口からの気流は、環状の吹出し口から放射状に広がる放射状の噴流のことをいい、性能のひとつに「拡散半径」で表す。

ダクト

ダクトは空気を搬送する管路で、一般にその断面形状は円形か長方形のものが用いられます。

摩擦抵抗と局部抵抗

摩擦抵抗とは、ダクト内に空気が流れたときに空気とダクト壁面との間に発生する抵抗をいい、ダクトの大きさや断面形状、ダクト内壁面の粗さ、空気の平均速度や断面内の速度分布などによって異なります。

局部抵抗には、ダクトの曲がりや分岐などで起こる空気の流れの方向の変化による抵抗や、渦の発生に伴う抵抗があります。この抵抗は、ダクトの曲がりや分岐部の形状と空気の持っている動圧などとの関係によっても変化します。

低速ダクトと高速ダクト

一般の建物で使用される低速ダクトの風速は約8～15m/s の間ですが、大規模な建物で騒音の影響が少ない機械室内やシャフト内を通る大きな主ダクトでは、風速15m/s 程度まで上げて用いられることもあります。

低速ダクトの特徴は、摩擦損失が少なく騒音も小さい、送風機動力が小さくてすむことなどですが、反面、大きなダクトスペースが必要になります。

高速ダクトの風速は約15～30m/s の間で、緊急時に使用される排煙ダクトなど、おもに特別な場合に使用されます。

高速ダクトの特徴は、ダクト内の風速が早いので摩擦損失が多く、騒音も大きく、送風機動力も大きいなどですが、ダクトスペースは小さくてすみます。

ダクトの騒音

ダクト内では送風機から発生する騒音とダクト内の気流により発生する騒音があり、内張りエルボなどの消音器を設けて対処する方法があります。

ダクトの構造と付属品

一般的に、ダクトの材料には亜鉛鉄板が使われ、低速用の長方形（矩形）ダクトは亜鉛鉄板を折り曲げて作られます。

円形ダクトのスパイラルダクトも、亜鉛鉄板をスパイラル状に巻いて円筒状に作られます。

その他、特殊な塩化ビニルやステンレス、グラスウールなどもダクトの材料として用いられます。

ダクトの付属品には風量調節ダンパ（ VD：Volume Damper）、防火ダンパ（ FD：Fuse Damper：ヒューズダンパ、ダクト内を熱風が通ることで、感温したヒューズが切れるとダンパが閉じる仕組み）、たわみ継手（キャンバス継手）などがあります。

断熱材には一般にグラスウールが用いられ、吸音材としてグラスウールをダクト内に内張りすることもあります。

低速ダクトと高速ダクトの特徴

ダクトの種類	風量	特徴
低速ダクト	約8〜15m／s	摩擦損失が少ない 騒音が小さい 送風機動力が小さくて可 大きなダクトスペースが必要になる
高速ダクト	約15〜30m／s	摩擦損失が多い 騒音が大きい 送風機動力が大きい ダクトスペースは小さくて可 緊急時に使用される排煙ダクトなど特別な場合に使用される

ダクトの種類と継手の構造

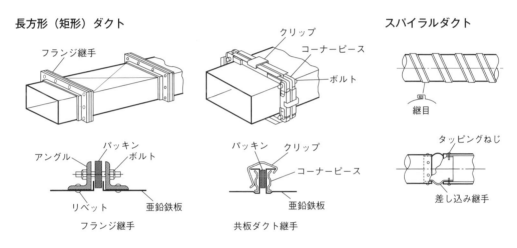

長方形（矩形）ダクト

フランジ継手

クリップ
コーナーピース
ボルト

スパイラルダクト

継目

アングル　パッキン　ボルト
リベット　亜鉛鉄板
フランジ継手

パッキン　クリップ
コーナーピース
亜鉛鉄板
共板ダクト継手

タッピングねじ
差し込み継手

亜鉛鉄板・塩化ビニル鋼板製長方形ダクトの板厚

単位：mm

板厚（適用表示厚さ）	ダクトの長辺	
	低圧ダクト	高圧ダクト
0.5	450以下	−
0.6	451〜750	−
0.8	751〜1500	450以下
1	1501〜2200	451〜1200
1.2	2201以上	1201以上

低速ダクトでは低圧ダクト、高速ダクトでは高圧ダクトがそれぞれ用いられる
※共板工法は、原則としてアスペクト比（ダクトの縦と横の幅の比）を4以下、ダクトの長辺は最大2200mmとする。

ワンポイントアドバイス

「風速と風量」：ダクト内を流れる空気には風速(m/s)があります。また、ダクトはその形状ごとに断面積が異なり、この断面積を空気が1秒間に何メートル流れたかが、その風量になります。よって、1m角の長方形（矩形）ダクトと直径1mの円形ダクトでは、風速が同じであれば、長方形（矩形）ダクトの方が風量は大きくなります。

配管

配管の種類

空気調和機設備に使用される配管には、以下のような種類があります。

空気調和機には、冷水・温水配管または蒸気配管、加湿用給水管、ドレン排水管があり、暖房用放熱器には温水または蒸気配管、冷凍機には冷却水配管、吸収式冷凍機の加熱用の蒸気または温水配管、ボイラや吸収式冷温水機の燃料配管、パッケージエアコンの冷媒配管などがあります。

冷水・温水・高温水

一般に、空気調和機用に使用する冷水温度は5 ～ 7℃で、温水温度は40 ～ 50℃または80 ～ 90℃で使用しています。地域暖房や建物の集中暖房用などでは、利用温度差を大きくして水量を減らすため、100℃以上に加熱された高温水を使用することもあります。

冷温水配管システム

密閉回路は冷温水配管における、冷凍機、ボイラ、ポンプ、配管と空調機（熱交換器）で構成する回路内を水が循環している配管でつなぐものです。

この回路では、水の温度変化によって増加した膨張水を吸収するために、この回路の最上部に開放式膨張タンクを設置します。膨張した水はこのタンクからあふれ出ることにより排出されます。また、水が収縮して不足すると、このタンクに自動的に給水されます。

一方、開放回路は、大気に開放されている冷却塔を使用する冷凍機の冷却水配管の回路や、水面が大気に開放されている蓄熱槽から汲み上げた水を熱交換器を通して蓄熱槽に戻す冷温水配管の回路をいいます。どちらの回路も水面が広く空気と接触するため、冷却塔では大気汚染物質や酸素、藻などの微生物が、蓄熱槽ではおもに酸素が水中に融けやすく、機器や配管の腐食や水質の劣化を招く恐れがあり、水質管理が重要になります。

膨張タンク

密閉回路で水の温度変化による水（湯）の膨張を吸収するために設置される膨張タンクには、開放式タンクと密閉式タンクがあります。

開放式タンクは、水面が大気に開放されているもので、回路内の装置の空気抜きに利用され、全体の配管系の最高点よりも上に設置しなければなりません。設置場所によっては、冬季の凍結対策が必要になります。また、水面が空気と接触しているので、腐食の恐れもあります。

密閉式タンクは、タンク内を空気またはガスで加圧したもので、通常はボイラの近くに設置されるので凍結の恐れはありません。また、膨張した温水を吸収し、水と熱の損失を防ぐ役割も持っています。

空調設備機器で使用される配管の種類

設備機器	種類
空気調和機	冷水・温水配管、蒸気配管、加湿用給水管、ドレン排水管
暖房用放熱器	温水・蒸気配管
冷凍機	冷却水配管、吸収式冷凍機の加熱用の蒸気・温水配管
ボイラ・吸収式冷温水機	燃料配管
パッケージエアコン	冷媒配管

冷温水配管システム

密閉回路

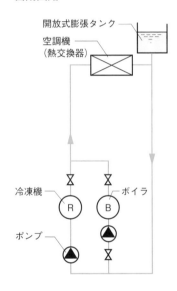

密閉回路は冷温水配管における、冷凍機、ボイラ、ポンプ、配管と空調機（熱交換器）で構成する回路内を水循環している配管でつなぐもの

開放回路

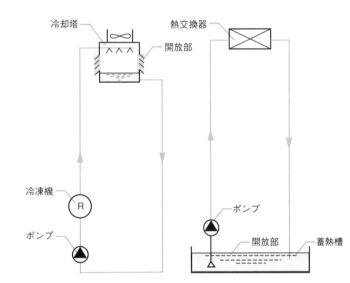

開放回路は大気に開放されている冷却塔を使用する冷凍機の冷却水配管の回路や、水面が大気に開放されている蓄熱槽から汲み上げた水を通して蓄熱槽に戻す冷温水配管の回路

ワンポイントアドバイス　**「配管の膨張」**：配管の計画では、熱による配管の膨張を考慮しておかないと、配管が損傷する恐れが出てきます。特に冷温水管は、冷水から温水まで流すので、変位吸収管継手などでその膨張を吸収しなければなりません。

ダクト系の防音

騒音発生の根源

空調設備や換気設備の送風機などで発生した騒音は、ダクト内を伝わって吹出し口や吸込み口から室内に放射されます。送風機などで発生した騒音は、ダクト内を通ってくる間にダクト系固有の減衰能力によって減衰したり、ダクトの側壁から外部へ透過して減少します。

一方、ダクト系内部の空気の流れによる発生騒音が加わり、ダクトの側壁から外部の騒音が浸入することもあります。外部の騒音には、機械室内の冷凍機、ボイラ、ポンプや屋外の冷却塔などで発生するものがあります。さらに、室内で最も気になるのが、吹出し口や吸込み口で発生する騒音です。

ダクト系におけるこれらの騒音を減らすためには消音装置を用いるのが一般的ですが、吹出し口や吸込み口で発生する騒音に対しては発生音の小さい形式のものに取り替えるか、空気の流れ（気流の速度）を下げるしか方法はありません。設計や施工においてはこれらのことを念頭に置き、適切な防音対策を講じなければならないのです。

送風機は最大の騒音発生源

一般に、ダクト系における最大の騒音の発生源は送風機です。送風機の発生音は、形式、能力、使用状態によって異なり、さらにメーカーによっても異なるため、

カタログ上で騒音の値を調べるだけでなく実際に測定することが必要です。

ダクト系の騒音

ダクト系における騒音発生原因をメカニズムから検証すると、ダクト内で気流が乱れて渦を巻くことに伴って引きおこされるダクトの側壁の振動がおもな騒音発生原因となります。ダクト直管部、曲管部、分岐部、断面変化部、ダンパなど流量調整装置、ベーン、吹出し口や吸込み口など、これら全ての部位で振動による騒音が発生します。さらに、気流の速度が速いと発生音は増大し、ダクトの板厚が薄くなるにつれて発生音が高くなる傾向にあります。

騒音への対処

騒音への対処として最も効果的な方法として、消音装置を設ける方法があります。消音装置には、消音エルボ、消音器、消音ボックスなど、吸音・反射・共鳴によって消音するものや、これらの作用を組み合わせたものなど各種の形式があります。消音材にはグラスウールなど多気泡のものがおもに使用されます。

それぞれの騒音特性に適合した減衰特性のある消音装置を組み合わせて利用しますが、消音装置自身の発生騒音があるので注意が必要です。

ダクト系統の発生騒音と伝搬経路

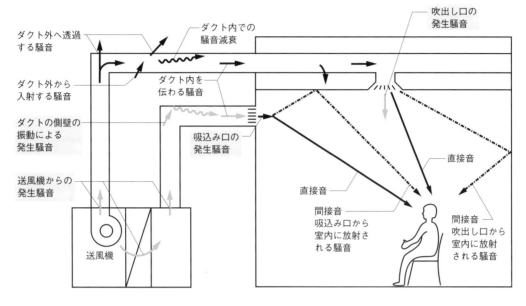

ダクト外へ透過する騒音

ダクト内での騒音減衰

吹出し口の発生騒音

ダクト外から入射する騒音

ダクト内を伝わる騒音

ダクトの側壁の振動による発生騒音

吸込み口の発生騒音

直接音

送風機からの発生騒音

直接音

間接音 吸込み口から室内に放射される騒音

間接音 吹出し口から室内に放射される騒音

送風機

消音装置

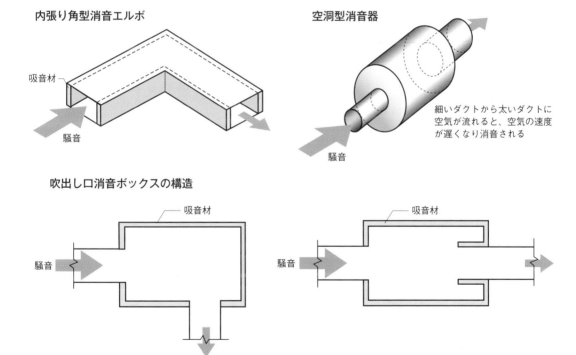

内張り角型消音エルボ

吸音材

騒音

空洞型消音器

細いダクトから太いダクトに空気が流れると、空気の速度が遅くなり消音される

騒音

吹出し口消音ボックスの構造

吸音材

騒音

吸音材

騒音

用語解説 　**「ベーン」**：空調用ダクトのベーンとは、送風機の入り口に設置され、風量を調整したり、気流の方向を整えたりする羽根のこと。ガイドベーンは案内羽根のことで、気流の流れの方向を制御するとともに気流の乱れを極力抑制し騒音の発生を少なくする役目を持っている。

配管系の防音

騒音発生の原因

配管系の騒音には、ポンプの振動伝搬音や水配管内を流れる脈動音、排水配管内を流れる落下音などがあります。騒音は配管そのものや配管から建物の躯体を伝わり固体伝搬します。

配管系における発生騒音

配管系における騒音の発生原因は、大きく以下の3つに分類されます。
①配管内を流れる流体を媒体として伝搬する騒音
②機器内を流れる流体そのものの乱れにより発生する騒音
③上記①②で発生する騒音の振動やポンプなどの機器類の振動が、建物の構造体に固体伝搬して二次的に発生する騒音

水配管系の騒音

水が流れている配管を水配管系といい、水配管系ではポンプの圧力脈動が配管の中を伝わり、配管を固定している吊り金具やバンド、床・壁貫通部などから建物へ伝わり、騒音となって広がります。また、ポンプから生じる脈動は、配管が長い場合には、配管の端部やバルブ、曲がり部などの不連続につながっているところに振動の波が反射して配管内を行き来し、ついには波が重なり合って「共鳴」現象を起こし騒音が増幅します。

また、バルブに起因したキャビテーションも騒音の重大な原因のひとつです。これは、流体内の圧力が局部的に極端に低下して限界以下に達した時に、そこに気泡が発生する現象をいいます。この気泡の発生と消滅の繰り返しが振動・騒音の発生源となり、配管に対してもその内壁にダメージを与えます。この現象への対策は、配管内の流速を遅くするのが最善策です。

配管系の防音対策

配管系の防音対策は、配管から発生する騒音が空気に伝わるのを防ぐことと、配管を固定している金物類を通して建物の躯体に伝わるのを防ぐことです。

先ず、配管から発生する騒音を極力小さくするためには、配管の中を流れる水の速さ（流速）を制限することです。配管口径50A以下のものでは、1.2m/s（m/秒）以下とすると騒音の発生は防止できるとされています。配管口径50Aより大きい口径の場合は、摩擦損失を400Pa/m以下にすることによって防止できるとされています。

また、配管から発生した騒音が空気に伝わるのを防ぐ方法には、配管に防音のための管巻きをするのが効果的です。これを管巻防音工法といい、乾式工法と湿式工法があります。防音効果の高いものでは30dB以上もの音を減少できます。

配管系の発生騒音

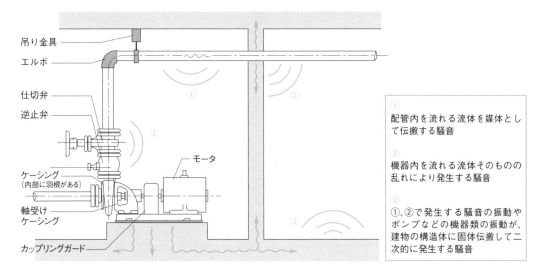

吊り金具
エルボ
仕切弁
逆止弁
ケーシング（内部に羽根がある）
軸受けケーシング
カップリングガード
モータ

①
配管内を流れる流体を媒体として伝搬する騒音

②
機器内を流れる流体そのものの乱れにより発生する騒音

③
①、②で発生する騒音の振動やポンプなどの機器類の振動が、建物の構造体に固体伝搬して二次的に発生する騒音

配管系の防音対策

防音効果	乾式工法	湿式工法
5～15dB	配管・鉄板・ロックウール	
15～20dB	鉄板・鉛シート・ロックウール	ハードセメント・鉄板・金網・ロックウール
20～25dB	鉄板・鉛シート・ロックウール	ハードセメント・鉄板・金網・ロックウール
25～30dB	鉛シート・鉄板・ロックウール	金網・ハードセメント・鉛シート・鉄板・ロックウール
30dB～		ハードセメント・鉄板・鉛シート・金網・ロックウール

用語解説

配管口径「50A」：以前は、一般配管の口径には、ミリメートル単位のA表示とインチ単位のB表示が使われていたが、現在はJIS規格のA表示が基本となっている。配管口径「50A」とは、配管の内径が50mmのこと。同じ配管をB表示で表すと「2B」となる。（1インチ＝25.4ミリメートル）

防振

建物に伝わる振動

建物に伝わる振動や騒音は、建物内に設置された設備機器が放出する振動エネルギーが伝わる時に起きる現象です。

①振動と騒音は、同じ振動エネルギーによって発生します。

②振動は固体を、騒音は気体を媒体として振動エネルギーを伝えます。

③エネルギーの媒体変換が行われれば、一方は直ちに他方に転換され、そのパターンは次の3つです。

ⅰ. 固体の振動が、直接空気を振動させる。（一次固体音）

ⅱ. 一度固体に伝わった振動が、再度空気中に放射され振動を伝える。（二次固体音）

ⅲ. 空気を伝わってきた音が、床・壁を振動させる。（音響加振）

透過音といわれているものは、二次固体音になります。また、振動とも騒音ともつかない重低音の不快さは、一般によく知られているとおりです。

防振対策

ポンプ廻り・配管の防振対策は、ポンプの振動を直接建物の躯体に伝わらないようにするために防振架台を取り付けることが第一です。このとき、防振架台はポンプの振動特性や、ポンプを設置する建築の床構造を事前に調査して、それらの特性を十分に把握しておく必要があり

ます。ポンプの振動特性と建物の床構造の関係から振動の伝わり方を計算して防振架台を選定します。設備機器と建物躯体との防振は、ポンプに限らず送風機やその他の設備機器類全般にも必要です。

次に、ポンプの振動が配管に伝わるのを防ぐために、ポンプの吸込み口と吐出し口にフレキシブルジョイント（防振継手）を取り付けます。この材質には、ゴム製、ステンレス鋼製、樹脂製などがあり、形状は筒型、球形などがあります。その他、吸込み口側の配管支持架台にも防振装置を設けます。

送風機の振動がダクトに伝わるのを防ぐためには、キャンバス継手と呼ばれる帆布製の継手をダクトとの間に接続し、振動の伝播を防ぎます。

配管やダクトを天井から吊る場合の一般的な防振装置には防振ハンガがあり、その仕組みには防振ゴムとコイルばねのふたつの方法があります。

また、建物の貫通部からの防振方法は、すき間をモルタルなどで埋める必要がない場合には、配管を躯体から離し、支持部分にゴムなどの防振装置を介して固定します。

設備機器から発生する振動が建築の躯体を伝わることに起因するクレームが圧倒的に多いので、設備機器の計画・設計や保守・管理において注意が必要です。

ポンプ廻り・配管の防振対策

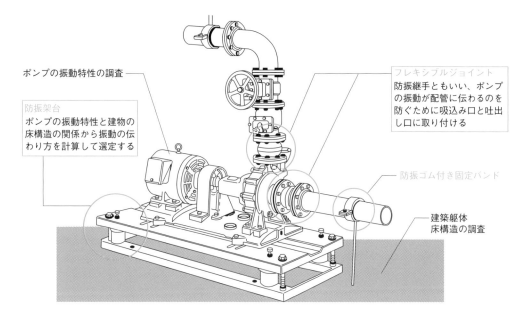

ポンプの振動特性の調査

防振架台
ポンプの振動特性と建物の床構造の関係から振動の伝わり方を計算して選定する

フレキシブルジョイント
防振継手ともいい、ポンプの振動が配管に伝わるのを防ぐために吸込み口と吐出し口に取り付ける

防振ゴム付き固定バンド

建築躯体
床構造の調査

防振ハンガによる防振の仕組み

防振ゴム　　　　コイルばね

インサート
配管などを吊るするための雌ねじ。コンクリート打設前に装着する

防振ゴム

防振コイルばね

固定ボルト

配管

建物貫通部からの防振方法

立て管の防振支持

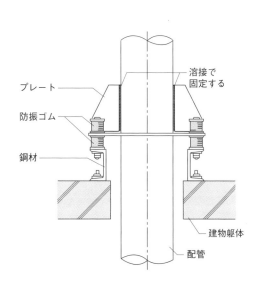

プレート

防振ゴム

鋼材

溶接で固定する

建物躯体

配管

トラブル事例

「防振」：建物の構造や機器の特性を考えて防振装置を設けたにもかかわらず、思うような結果が得られないことがあり原因を調べたところ、機器の変更に伴い構造的に小梁が増えていたため最適な防振装置ではなかったことが判明しました。建物の構造と防振対策の関係の難しさを表すトラブル事例です。

セキュリティー

　ある土曜日の夜、いつものワインバーで飲んでいると、常連客の
Ａ子さんから店主に電話が入ってきました。
「仕事から帰ってきたら、マンションの部屋の方の鍵がないことに気
づき、マンションの管理会社に携帯で連絡を取っていたところ電波
の調子が悪く、荷物を残してエントランスホールの外に出てしまい、
エントランスホールにも入れなくパニックになって電話した」との
ことでした。
　結局、管理会社は「翌朝でないと何も出来ない」というつれない返
事だったため、その夜Ａ子さんはみんなとワインバーで過ごしたの
でした。
　この話は、本来、建物の入居者に対するセキュリティーとして計
画されたものが、実際には、建物の入居者が主人公であることが欠
落していたためおきたことではないかと考えさせられました。
　人を中心にした日々の管理が、建築設備の管理の現場に必要なの
ではないかと思います。

空調・換気設備の設計・施工

この章では、現場で役立つ図面の読み方や設備関連工事について解説します。

図面のいろは

図面とは

建築は、基本的には唯一・単品の生産物で、オーダーメイドの立体的な構造物です。図面は、その立体的な構造物をつくるときのイメージを、施主や施工者に伝える手段のひとつとして作成します。図面のほかに、模型や予想図なども作成される場合もあります。

建築や設備の図面は、三次元の建物を二次元の平面上に表現したものです。図面には、建物を建築し設備を設置する上で必要な情報を、平面図・立面図・断面図・詳細図などの方法で、正確かつ適切に記載します。これらの図面により施主は完成後の建物のイメージを想像することができ、施工者は効率的かつ間違いのない施工を行うことができます。また、正確かつ適切な図面は、施工後の保守管理に役立てることもできます。

図面の分類と役割

建物をひとつ建て終わるまでには、様々な「図面」が作成されます。

最初に、施主との計画から始まる「設計図」があります。次に、施工の現場で具体化するために作成される「施工図」があり、最後に、完成品である建物の情報を集約した「竣工図」が作成されます。

設計図は、施主に対して建築前の当初の計画を実現可能な範囲で表現されたものです。各種許認可の申請・取得のための資料としても利用され、設計図をもとに見積予算も作成します。これにより当初の予算や発注予定額などが確認できるのです。

施工図は、設計図では表現が不足していた部分を補完したり、施工現場での加工・制作のための細かな寸法を表現します。また、設計当初の段階では想定外であったことを、具体的に検討や修正を行い、設計変更します。

施工図は、建築本体の施工においては、平面図、立面図、展開図、天井伏図、矩形詳細図、部分詳細図などが、空調設備の施工においては、ダクト平面図、配管平面図、機械室詳細図、部分詳細図などが作成されます。更に、当初の設計図では作成されない施工現場で必要と思われる細かな図面も数多く作成されます。

竣工図は、原則的には施工図をもとに、実際の仕上がった施工現場に合わせて設計図を修正して作成されます。通常は修正した設計図の他に、施工現場の内容を正確に図面に反映させた施工図を最終的に竣工図にします。特に設備における竣工図には、竣工後に確認することが困難な場所に施工した配管、ダクト、信号線などが正確に表現されているため、竣工後のメンテナンスにとっても大変重要かつ不可欠な図面です。

空調・換気設備に関係する設計図・施工図・竣工図の例

○は作成される図面　●は施工図として作成される図面

図面番号	図面名称	縮　尺	おもな図面内容	設計図	施工図	竣工図
M−00	表紙	NO SCALE	建設工事名や設計年月日など	○		○
M−01	図面リスト	NO SCALE	全体の図面リスト、図面枚数など	○		○
M−02	機械設備工事特記仕様書1	NO SCALE	本建物に限る仕様内容	○		○
M−03	機械設備工事特記仕様書2	NO SCALE	同上	○		○
M−04	全体配置図・案内図	S=1/500	建物の配置図と現地までの案内地図	○		○
M−05	空調機器表	NO SCALE	空調機の機器一覧表、機器の仕様など	○		○
	同上機器類の承認図		機器類はメーカーより承認図を用意する		●	○
M−06	暖房・換気機器表	NO SCALE	暖房・換気機器一覧表、機器の仕様など	○		○
	同上機器類の承認図		機器類はメーカーより承認図を用意する		●	○
M−07	空調系統図	NO SCALE	系統、機器番号、ダクトサイズなど	○		○
M−08	制御系統図	NO SCALE	系統、制御配線図、サイズなど	○		○
M−09	1階平面図(空調・換気)	S=1/100	空調機器や換気機器の配置、機器番号の記入など	○	○	○
M−10	2階平面図(空調・換気)	S=1/100	空調機器や換気機器の配置、機器番号の記入など	○	○	○
M−11	屋上階平面図(空調・換気)	S=1/100	空調機器や換気機器の配置、機器番号の記入など	○	○	○
M−12	1階平面詳細図(配管)	S=1/50	冷媒配管、ドレン管など	○	○	○
	同上(施工図)	S=1/20	冷媒配管、ドレン管など(全体を網羅できる枚数)		●	○
M−13	2階平面詳細図(配管)	S=1/50	冷媒配管、ドレン管など	○	○	○
	同上(施工図)	S=1/20	冷媒配管、ドレン管など(全体を網羅できる枚数)		●	○
M−14	屋上階平面詳細図(配管)	S=1/50	冷媒配管、ドレン管など	○	○	○
	同上(施工図)	S=1/20	冷媒配管、ドレン管など(全体を網羅できる枚数)		●	○
M−15	1階平面詳細図(ダクト)	S=1/50	空調用ダクト、換気用ダクトなど	○	○	○
	同上(施工図)	S=1/20	空調用ダクト、換気用ダクトなど(全体を網羅できる枚数)		●	○
M−16	2階平面詳細図(ダクト)	S=1/50	空調用ダクト、換気用ダクトなど	○	○	○
	同上(施工図)	S=1/20	空調用ダクト、換気用ダクトなど(全体を網羅できる枚数)		●	○
M−17	屋上階平面詳細図(ダクト)	S=1/50	空調用ダクト、換気用ダクトなど	○	○	○
	同上(施工図)	S=1/20	空調用ダクト、換気用ダクトなど(全体を網羅できる枚数)		●	○
M−21	機械室詳細図	S=1/30	主要機械室詳細図、平面図、立面図、断面図、部分断面図など	○	○	○
	同上(施工図)	S=1/10 または S=1/20	施工に必要な詳細図は全て、縮尺も適宜		●	○

※ここにある図面番号は設計図用、竣工図などの図面番号は竣工図用として別に設ける

トラブル事例	**「図面と現場①」**：例えば、機械室の機器の配置は概ね合っていても、図面と実寸が違ったり、現場で追加施工したものなどがあったりなど、図面と実際の現場との整合性がないことが多々あります。これは、トラブルというよりは、最終的には図面より現場優先ということなのです。

設計図の構成

図面リスト

設計図全体の構成を表すものに図面リストがあります。図面リストには、図面番号、図面名称、縮尺、備考などが記載され、設計図全体の構成が一目で分かります。

設計図を構成する各種図面・書類

機械設備工事特記仕様書1・2は、この物件の設備に関する重要な部分を中心に記載されています。

大きな項目は工事概要と仕様で、工事概要には、建設工事名、建設工事場所、建物概要、工事科目などが記載されます。

仕様には、標準仕様書(一般に市販品が中心)、標準詳細図(一般に市販品が中心)、設計図に明記がない場合または相違がある場合の優先順位、特記仕様などが記載されます。

特記仕様には、一般共通事項と共通事項　1．空気調和設備・換気設備　2．衛生器具設備　3．屋内給水設備　4．屋外給水設備　5．屋内排水設備　6．屋外排水設備　7．給湯設備　8．消火設備　9．ガス設備　その他　というように工事が行われる内容が順番に掲げられます(例えば、「4．屋外給水設備」の工事が今回の工事に含まれなければ、この一覧には表現されません)。それぞれ記載された内容に対して、この物件の設備に対する考え方や構造など、特別な事項について記載されています。

全体配置図・案内図は、建物の敷地に対する配置と建物までの案内地図を記載したものです。一般には建築(意匠)と同じ内容のものを使用します。

空調機器表は、この建物に使用される空気調和設備に関する機器の一覧表です。

暖房・換気機器表は、この建物に使用される暖房設備および換気設備に関する機器の一覧表です。これらふたつの機器表は、設計者によってまとめて表現される場合もあります。

空調系統図は、この建物の空気調和設備についての系統図です。空調系統図では、どの空調機でどこの室を空調するかが記載されたり、どこに空調機器が使用されるかなどの情報が一目で分かります。

制御系統図は空調系統図同様に、どの空調機を制御できるのかが記載されます。

1・2階平面図(空調・換気)には、空調機器や換気機器などの配置が記載されます。1・2階平面詳細図(配管)には、冷温水配管、冷却水配管、冷媒配管、蒸気管、ドレン管などが記載されます。1階平面詳細図(ダクト)には、ダクトの経路や吹出し口・吸込み口、風量調節装置の位置などが記載されます。

機械室詳細図は、各階の平面図では表現できないものを詳細に図面に表現したものです。

上記以外にも、自動制御図やその他建物によって必要な図面が作成されます。

図面リストの例

図面番号	図面名称	縮尺	備考
M－00	表紙	NO SCALE	
M－01	図面リスト	NO SCALE	
M－02	機械設備工事特記仕様書1	NO SCALE	
M－03	機械設備工事特記仕様書2	NO SCALE	工事区分
M－04	全体配置図・案内図	S=1/500	
M－05	空調機器表	NO SCALE	
M－06	暖房・換気機器表	NO SCALE	
M－07	空調系統図	NO SCALE	
M－08	制御系統図	NO SCALE	
M－09	1階平面図（空調・換気）	S=1/100	
M－10	2階平面図（空調・換気）	S=1/100	
M－11	屋上階平面図（空調・換気）	S=1/100	
M－12	1階平面図（配管）	S=1/100	
M－13	1階平面詳細図（配管）	S=1/50	
M－14	2階平面詳細図（配管）	S=1/50	
M－15	1階平面詳細図（ダクト）	S=1/50	
M－16	2階平面詳細図（ダクト）	S=1/50	
M－17	機械室詳細図	S=1/30	

特記仕様書

```
Ⅰ．工事概要
 1．建設工事名
 2．建設工事場所
 3．建物概要・・・構造・階数・延べ面積など
 4．工事科目・・・1．空気調和設備・換気設備　2．衛生器具設備　3．屋内給水設備
　　　　　　　　 4．屋外給水設備　5．屋内排水設備　6．屋外排水設備
　　　　　　　　 7．給湯設備　8．消火設備　9．ガス設備
Ⅱ．仕様
 1．標準仕様書（一般に市販されているものが中心）
 2．標準詳細図（一般に市販されているものが中心）
 3．設計図に明記がない場合、または相違がある場合の優先順位
 4．特記仕様
　　一般共通事項
　　共通事項
　 1．空気調和設備・換気設備　2．衛生器具設備　3．屋内給水設備
　 4．屋外給水設備　5．屋内排水設備　6．屋外排水設備
　 7．給湯設備　8．消火設備　9．ガス設備　その他
```

（注）：実際にはそれぞれの項目に対して詳細な仕様が書かれているが項目のみ記載

ワンポイント アドバイス　**「図面を読む」**：空調設計に関して設計図に表現される内容は、空調が機能するための内容と同時に、コストまでを決定できる内容を含んでいます。従って図面リストも「見る」だけではなく「読む」ということが大切なのです。

図面記号の読み方

図面は三次元のものを二次元で表現するため、様々な表現の工夫がされており、設備図面では、立体的な設備機器や配管などを記号化して平面上に表現します。

また、図面が煩雑にならないようにするために、「凡例」を設けて記号の意味をまとめて表現します。

配管の図面記号

設備図面における配管の図面記号（シンボル）には、冷却水管（往き）（還り）、冷水管（往き）（還り）、冷媒管（往き）（還り）、冷温水管（往き）（還り）、ドレン管、膨張管などが記載されており、これら以外の配管および材料も必要に応じて記載されます。

配管の図面記号は、それぞれ単線にアルファベットの記号が付いており、これによってどの配管なのか、「往き」か「還り」なのかが分かり、さらに、配管材料まで分かるようになっています。また、配管の近くには管のサイズも表現されます。図面記号による配管の立下り、通過、立上りの表現は、実際の配管の状態をイメージして記号化されています。とかく重なり合うことが多い配管図では、これらの図面記号や、線の種類、配管の立下り、通過、立上りをしっかり確認して、立体的にイメージすることが大切です。

図面を読むときは、図面に表現されていることだけでなく、そこから様々なことをイメージしなければなりません。し

たがって、図面は「見る」ではなく「読む」なのです。

ダクトの図面記号

ダクトには長方形（矩形）ダクトと円形ダクトの両方が使われることが一般的ですが、設備図面におけるダクトの図面記号表現は、図面の縮尺によって変わります。例えば、縮尺が1：200の図面の場合、幅50cmのダクトを縮尺どおりに図面に表すと幅2.5mmで表現されてしまいます。この状態で図面に表現されたダクトを見ると線が混み合ってしまい、ダクトが重なり合う部分などではとても見づらくなってしまいます。こういう場合に臨機応変に対応できるようにダクトを単線で表現する方法もあり、凡例には単線と複線の両方の記号が記載されています。

吹出し口や吸込み口の図面記号も矢印を付けることにより、ダクトの経路と併せて空気の流れを読み取ることができます。また、ダンパの図面記号には記号を付けてそのダンパの機能を示します。

弁の図面記号

配管の途中に使用される三方弁や電磁弁は、おもに自動制御用に使用されるものです。自動制御に関しては、右表の2種類の弁のほか、多種多様な役目に対する弁の図面記号があります。

設備図面における図面記号の例

図面記号	名　称	仕　様・摘　要
——CDS——	冷却水管（往き）	水道用硬質塩化ビニルライニング鋼管（SGP-VA）
——CDR——	冷却水管（還り）	水道用硬質塩化ビニルライニング鋼管（SGP-VA）
——CS——	冷水管（往き）	水道用硬質塩化ビニルライニング鋼管（SGP-VA）
——CR——	冷水管（還り）	水道用硬質塩化ビニルライニング鋼管（SGP-VA）
——R——	冷媒管（往き）	冷媒用被覆鋼管
——RR——	冷媒管（還り）	冷媒用被覆鋼管
——CHS——	冷温水管（往き）	水道用耐熱性硬質塩化ビニルライニング鋼管（SGP-HVA）
——CHR——	冷温水管（還り）	水道用耐熱性硬質塩化ビニルライニング鋼管（SGP-HVA）
——D——	ドレン管	配管用炭素鋼鋼管（白）
——E——	膨張管	水道用耐熱性硬質塩化ビニルライニング鋼管（SGP-HVA）
φ φ φ 立下り 通過 立上り		配管の立下り、通過、立上りを示す
○— ○——	立上り 立下り	端部の立上りを示す 端部の立下りを示す
—SA—	ダクト　送気	
長方形 円形 ⊠ ⊗	ダクト　送気（断面）	ダクト寸法を記入する、必要に応じ記号を記入する
—RA—	ダクト　還気	
▱ ⊘	ダクト　還気（断面）	ダクト寸法を記入する、必要に応じ記号を記入する
—OA—	ダクト　外気	
長方形 円形 ⊠ ⊗	ダクト　外気（断面）	ダクト寸法を記入する、必要に応じ記号を記入する
	吹出口（壁付）	
	吹出口（天井付）	特殊な形状のものはこれに順じて記入する
	吸込口（壁付）	
	吸込口（天井付）	特殊な形状のものはこれに順じて記入する
100VD 400×200VD	ダンパ （図は風量調節ダンパの例）	風量調節ダンパ：VD　防火ダンパ：FD 逆流防止ダンパ：CD　モータダンパ：MD 排煙ダンパ：SMD　排煙ダクト接続の防煙ダンパ：SD
	三方弁	必要に応じ、□の中にM（モータ）を記入する
	電磁弁	必要に応じ、○の中にM（モータ）を記入する

用語 解説	**「配管の立下り、通過、立上り」**：自分の立ち位置を中心に、立体的に想像して「配管」や「ダクト」の流れる方向を考えることが基本。自分の立ち位置から下方に向かっていれば「立下り」で、上方に向かっていれば「立上り」、方向に関係なければ「通過」となる。

見下げ図面と見上げ図面

一般に、建築図面の平面図は、上から見下ろした部屋の間取りや扉、窓などの計画の配置を表現しています。

一方、設備機器や配管などは、建物ができあがるとほとんどが隠れてしまうため、設備図面には建築図面とは異なる図面の読み方があります。また、それらは設備の種類や内容によっても異なります。

右図は、同じ建物の同じ階の給排水・衛生設備図面（上）と空調・換気設備図面（下）です。このふたつの図面を例に、設備図面の読み方や違いについて解説します。

見下げ図面

見下げ図面は、設備図面の中ではおもに給排水・衛生設備で表現されます。

右図（上）の「3階便所廻り配管平面詳細図（衛生）」では、大便器、小便器、洗面器、掃除流し、給湯器および台所水栓などの衛生器具への給水・排水および通気それぞれの配管を表現しています。

これらは、この階に立って床を見下ろした時の配管の配置を示しているため、3階図面に表現されているこれらの配管は、実際は2階の天井内に施工されているのです。よって、3階の大便器の流れに不具合が生じたり、3階に新たな衛生器具を付け加えたい時には、3階の図面を見ながら2階の天井内を覗いて確認することになります。これが見下げ図面の大きな特徴です。

一般に、給排水・衛生設備図面が見下げ図面となる理由は、ほとんどの衛生器具は床上に設置されているため、上から見た方が衛生器具に接続されている給水配管や汚水・雑排水配管などの流れが把握・イメージしやすいからです。

見上げ図面

一方、見上げ図面は、おもに空調・換気設備図面で表現されます。

右図（下）の「3階便所廻りダクト・配管平面詳細図（空調・換気）」では、天井内に設置される空調機（屋内ユニット）、換気扇、FD（防火ダンパ）などの空調・換気設備機器の位置を示して、これらの機器に関して必要な冷媒配管、冷温水配管、ドレン管などの配管やダクトの経路やサイズを表現しています。

3階に立って天井を見上げると、そこに空調・換気設備が施工されていることになり、空調機が置いてあるまわりには、冷媒配管やドレン管、ダクトなどがあることが分かるのです。

設備図面上、空調・換気設備の配管関係が見上げ図面となる理由は、一般に、空調・換気設備機器が天井面に据え付けられるか天井内に納められ、常に見上げる状態にあることや、それらに付随する配管やダクトが各機器とつながって配置されているため、このように表現した方がイメージしやすいからです。

見下げ図面と見上げ図面

見下げ図面
3階便所廻り配管平面詳細図 (衛生)

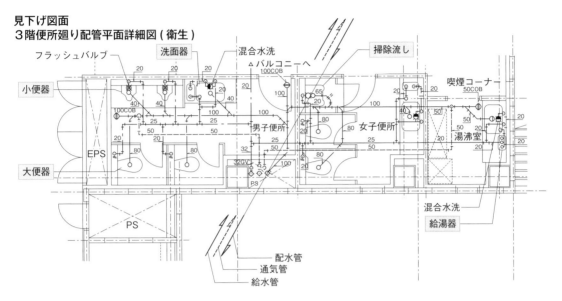

配水管
通気管
給水管

見上げ図面
3階便所廻りダクト・配管平面詳細図 (空調・換気)

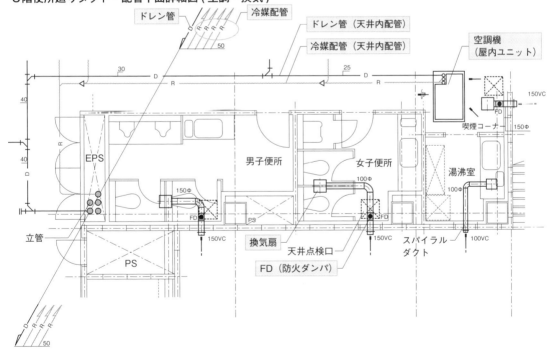

トラブル事例	「見下げ図面、見上げ図面」：よく勘違いしやすいのが、「見下げ図面」と「見上げ図面」の読み間違いで、バルブの位置（階）が違ったり、パイプシャフトの点検口がなかったりすることがあります。解決策は、現場で上下の階の図面と実際を確認することです。

空調機器表と冷媒配管系統図

空調機器表

建物に使用される空気調和設備機器は、空調機器表（または、空調機器一覧表）に表現されます。

空調機器表には、使用する機器を図面上で他の機器との違いを識別するために記号を付けます。例えば、空冷ヒートポンプパッケージエアコンであれば、Package Air Conditioner の頭文字からPACなど、通常は機器名称をイメージしやすい記号が付けられます。そのほか、機器名称、仕様・能力、電気関係情報、設置場所、備考などの項目が記載されます。仕様・能力は、単に仕様あるいは摘要など様々な表現がありますが、基本的には機器能力に関する情報です。電気関係情報は、空気調和設備だけでなく、電気設備にも関係するため、正確な記載が必要です。設置場所は、建築図面と照らし合わせて位置および室名称などを確認して特定することが必要です。備考には設計時に選択した機器の参考型番などを記載することもあります。

右表（上）の空調機器表の例では、PAC-1の空冷ヒートポンプパッケージエアコン室外機の仕様・能力、電気関係、設置場所などの情報とともに、PAC-1とつながる室外機PAC-1-1（台数2）、PAC-1-2（台数8）がひとつのセットとして「組数1」として表現されています。

これらの情報に関しては、竣工図を作成する時点で、それぞれ最終的な情報として更新の上記載されます。

また、機器類が現場に納入される時には、その現場に応じた機器に関する情報（機器の図面や仕様・性能表など）が記載されている承認図が一緒に納入され、設備機器の設置後の運用・管理は、空調機器表と承認図を合わせて行われます。

冷媒配管系統図

右図（下）は、空冷ヒートポンプマルチエアコンを使用した建物の冷媒配管系統図の一例です。

この冷媒配管系統図を見ると、屋外機の設置場所と室内機の設置場所が分かり、それぞれの屋外機と室内機をつなぐ冷媒配管の関係も表現されていることが確認できます。さらに、冷媒配管サイズ一覧表により、使用されている冷媒管の仕様も確認できます。各空調機器の冷媒管によるつながりを系統図と平面図を照らし合わせて確認することで、個々の機器についての管理が確実に行えるのです。

ドレン配管

冷媒配管系統図では、ドレン配管については細かいところまで表現されませんが、配管の流れとしてはイメージできます。冷媒配管同様、平面図と照らし合わせて確認することによって管理が可能になります。

空調機器表の例（空冷ヒートポンプパッケージエアコン）

空気調和設備　機器表

記号	機器名称	仕様・能力	電源50Hz 相(Φ)	電源50Hz 電圧(V)	電源50Hz 台数	組数	設置場所	備考
PAC-1	空冷ヒートポンプ パッケージエアコン 室外機	形式　ビル用マルチ・インバータ制御・690型 冷房能力　69.0Kw　暖房能力　77.5Kw 圧縮機出力　13.6Kw　送風機出力　1.45Kw 冷房平均COP　3.61 付属品　冷媒分岐管・リモコンスイッチ7個	3	200	1	1	屋上 室外機置場	コンクリート基 礎建築工事 チャンネル架台 共本工事 集中管理運転
PAC-1-1	同上室内機	形式　天井カセット型・2方向吹出 冷房能力　5.6Kw　暖房能力　6.3KW 送風機出力　20w　風量（強一弱）12－9m3/min） 付属品　冷媒分岐管・リモコンスイッチ	1	200	2		1階事務室 2階事務室	
PAC-1-2	同上室内機	形式　天井カセット型・4方向吹出（ラウンド） 冷房能力　5.6Kw　暖房能力　6.3KW 送風機出力　56w 風量（急一強一弱）16－13.5－11㎥/min） 付属品　天井パネル（フィルター自動洗浄機能）・ ドレンアップメカ	1	200	8		2階事務室	
PAC-2	空冷ヒートポンプ パッケージエアコン 屋外機	形式　ビル用マルチ・インバータ制御・160型 冷房能力　16.0Kw　暖房能力　18.0Kw 冷暖平均COP　3.73 圧縮機出力　3.4Kw　送風機出力　0.35Kw 付属品　冷媒分岐管・リモコンスイッチ2個	3	200	1	1	屋上 室外機置場	コンクリート基 礎建築工事 チャンネル架台 共本工事 集中管理運転
PAC-2-1	同上室内機	形式　天井カセット型・4方向吹出（ラウンド） 冷房能力　3.6Kw　暖房能力　4.0KW 送風機出力　56w 風量（急一強一弱）13－11－10㎥/min） 付属品　天井パネル（フィルター自動洗浄機能）・	1	200	4		2階事務室	

冷媒配管系統図の例

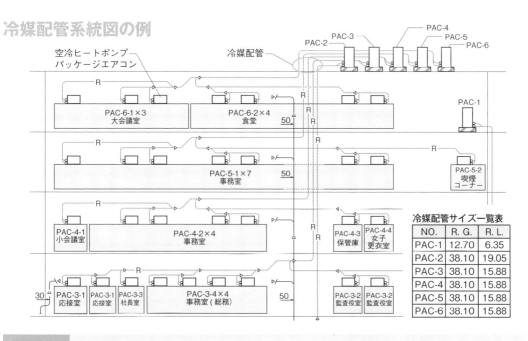

冷媒配管サイズ一覧表

NO.	R.G.	R.L.
PAC-1	12.70	6.35
PAC-2	38.10	19.05
PAC-3	38.10	15.88
PAC-4	38.10	15.88
PAC-5	38.10	15.88
PAC-6	38.10	15.88

用語解説　「承認図」、「ドレン配管」：承認図は、設計図にもとづいて現場に納める機器に関して、最終的に機器の製作を行うための基礎になる図面。この承認図で、最終責任者である設計者の承認を得る。ドレン配管は、空調機から出てくる凝縮水を屋外へ排出するための配管。

空調機器表と配管系統図

　前項に続いて本項では、冷温水発生器を熱源とした空気調和設備の空調機器表と配管系統図を例に解説します。

空調機器表

　空調機器表に記載される項目は、前項の空冷ヒートポンプパッケージエアコンの場合と同じで、記号の項目は、冷温水発生器は空冷ヒートポンプ式冷温水機を使用しているので、Heat pump Chilling unit の頭文字からHCなどと表現しています。その他の空調関連機器の表現には、FCU（ファンコイルユニットFan Coil Unit)やP（ポンプPump)などの記号が使われます。

配管系統図

　右図（下）は、水配管方式の配管系統図の一例です。この方式の熱源は冷温水発生器（空冷ヒートポンプ式）で、各室の空調機はファンコイルユニットを使用しています。また、ここでは表現されていませんが、換気については空調用換気扇（全熱交換器）を使用し、外気を導入しています。なお、一般に空調用換気扇は、ダクト系統図または換気系統図で表現されます。

　この配管系統図の配管全体を見渡すと、冷温水は、建物の屋上に設置された冷温水発生器（HC）からポンプ（P）を経て室内各階のファンコイルユニット（FCU）へと供給されていることが分かります。また、

屋上にある冷温水発生器からの冷温水の供給は、各階ごとに完全に分かれていることが分かります。このことから、この建物の空調方式は水配管のファンコイルユニット方式であることが分かり、空調機器の制御は各階ごとに行われることも分かります。

　さらに、枠で囲まれた拡大図を見ると、最後のファンコイルユニット（FCU-A)とそのひとつ手前のファンコイルユニット（FCU-B)との間の配管が３本あることが分かります。さらに、配管の図面記号CHS（冷温水管（往き））とCHR（冷温水管（還り））を注意深く読むと、ファンコイルユニットへ接続されている配管は２本であることが分かるので還水方式は「リバースリターン方式」であることが読み取れます。検証のために、配管平面図との照合は必要ですが、この配管系統図から読み取れることは、この配管システムは２管式のリバースリターン方式を採用しているということです。なお、この方式のメリットはファンコイルユニットへ適切な水量を供給しやすいことです。

　また、配管系統図の各配管には配管口径が記載されています。空調機器表にはファンコイルユニットに必要な水量が記載されており、それをもとに適切な配管口径を求め配管系統図に記載されています。なお、配管系統図には表現されていない定水量弁なども空調機器表には記載されています。

空調機器表の例（冷温水発生器）

空気調和設備　　機器表

記号	機器名称	仕様・能力	電源50Hz 相（Φ）	電源50Hz 電圧（V）	電源50Hz 台数	組数	設置場所	備考
HC-1	冷温水発生器	形式　空冷ヒートポンプ式	3	200	1	1	屋上　室外機置場	コンクリート基礎建築工事
		冷房能力　69.0Kw　暖房能力　77.5Kw						チャンネル架台共本工事
		冷水温度　7～12℃　温水温度　45～50℃						集中管理運転
		冷房平均COP　3.61						
HC-2	冷温水発生器	形式　空冷ヒートポンプ式	3	200	2	1	屋上　室外機置場	コンクリート基礎建築工事
		冷房能力　16.0Kw　暖房能力　18.0Kw						チャンネル架台共本工事
		冷水温度　7～12℃　温水温度　45～50℃						集中管理運転
		冷暖平均COP：3.73						
HC-3	冷温水発生器	形式　空冷ヒートポンプ式	3	200	8	1	屋上　室外機置場	コンクリート基礎建築工事
		冷房能力　80.0Kw　暖房能力　90.0Kw						チャンネル架台共本工事
		冷水温度　7～12℃　温水温度　45～50℃						集中管理運転
		冷暖平均COP：3.45						

水配管方式の配管系統図の例

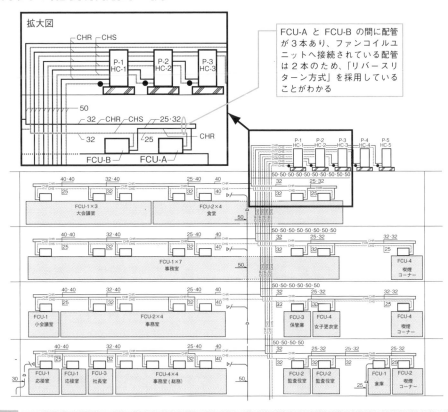

FCU-A と FCU-B の間に配管が3本あり、ファンコイルユニットへ接続されている配管は2本のため、「リバースリターン方式」を採用していることがわかる

トラブル事例

「**図面と現場②**」：一般に、系統図はその設備の概要を直感的にも分かるように表現されていますが、保守管理の現場では、系統図や平面図と現場が食い違うことがあります。そういう場合の答えは「現場優先」です。ただし、善し悪しはともかく、現場の状況がいつからそうなっているかを調査する必要はあります。

空調冷媒配管平面図の読み方

空気調和機器に空冷式ヒートポンプマルチエアコンを利用した建物の平面図の読み方の一例を、右の図中に表示されている番号順に解説します。

屋上階空調平面図

①は屋上階の屋外機の配置を示しています。平面図では並列に並んでいる屋外機と屋外機の間隔が十分に取れているように見えますが、実際には屋外機の基礎や冷媒配管があるため、現場での確認が必要になります。設計段階では余裕を持って配置していたつもりでも、現場では思いもよらないことがある場合があります。

②は屋外機からの冷媒配管を示しています。この配管に配管サイズが記載されていない場合、基準階空調平面図の⑤にあるように、図面の余白部分に冷媒配管サイズ一覧表が記載されます。また、屋外に配管されますので、冷媒配管の仕上げについては仕様書で確認をします。

③は屋外機器の記号です。屋外機の並びにあわせて記号を並べてあります。この記号とともに、機器名称、仕様・能力などが記載されている空調機器表で機器の情報を確認します。また、実際に配置されている機器本体にはこの記号が書かれています。

基準階空調平面図

④−A,Bは、冷媒配管およびドレン管の立上りおよび立下りを表現しています。

図面の右上方に書かれている④−Aは上階との関係を、左下方に書かれている④−Bは下階との関係を表しています。この図でこの階まで供給される冷媒管(R)は、上階からはこの階を含む下階の分の配管が表現され、下階へはこの階の分がなくなった本数の配管が表現されます。この図からは、右上方(④−A)の冷媒配管本数は4本あったものが、左下方(④−B)では3本になっているので、1本分の系統がこの階のものであることが分かります。

⑤は、冷媒配管サイズ一覧表です。冷媒配管に番号が付いており、この一覧表と番号とから冷媒配管の配管サイズが分かります。また、建物の竣工後は確認することが困難なダクトと同様に、冷媒配管もこの平面図によって経路とサイズが分かるのです。

⑥は、室内空調機を表現しています。配置は室全体の空調バランスを最優先に考慮すると同時に、照明器具との関係も考慮されています。また、この室内機に接続されているドレン管(D)は、最短の距離で書かれており、配管サイズも表現されています。なお、室内空調機の四方に向かっている矢印は、吹出し方向を示しています。

⑦は、室内機の記号と数量を表示しています。この記号から空調機器表に記載されている機器名称、仕様・能力などを確認することができます。

空調冷媒配管平面図の読み方の例

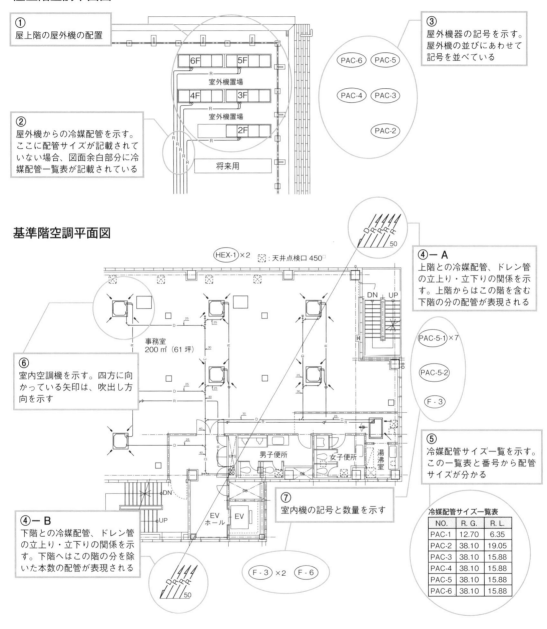

屋上階空調平面図

①
屋上階の屋外機の配置

6F 5F
室外機置場
4F 3F
室外機置場
2F
将来用

R

③
屋外機器の記号を示す。
屋外機の並びにあわせて
記号を並べている

PAC-6 PAC-5
PAC-4 PAC-3
PAC-2

②
屋外機からの冷媒配管を示す。
ここに配管サイズが記載されて
いない場合、図面余白部分に冷
媒配管一覧表が記載されている

基準階空調平面図

HEX-1×2 天井点検口450

事務室
200㎡(61坪)

DN UP

④ー A
上階との冷媒配管、ドレン管
の立上り・立下りの関係を示
す。上階からはこの階を含む
下階の分の配管が表現される

PAC-5-1×7
PAC-5-2
F - 3

⑥
室内空調機を示す。四方に向
かっている矢印は、吹出し方
向を示す

男子便所 女子便所 湯沸室

⑤
冷媒配管サイズ一覧を示す。
この一覧表と番号から配管
サイズが分かる

④ー B
下階との冷媒配管、ドレン管
の立上り・立下りの関係を示
す。下階へはこの階を除い
た本数の配管が表現される

EV
ホール EV

DN
UP

⑦
室内機の記号と数量を示す

F - 3 ×2 F - 6

冷媒配管サイズ一覧表

NO.	R. G.	R. L.
PAC-1	12.70	6.35
PAC-2	38.10	19.05
PAC-3	38.10	15.88
PAC-4	38.10	15.88
PAC-5	38.10	15.88
PAC-6	38.10	15.88

トラブル事例

「図面と現場③」：複雑な配管図面になると、図面が古かったり、配管以外の線と配管の線が
同程度の太さで表現されていたりで、配管の経路が読みづらくなることがあります。また、
実際に途中で他の配管経路と読み違えたりすることもあります。こういう場合も、必ず現場
での確認が必要です。

空調配管平面図の読み方

空気調和機器に冷温水発生器とファンコイルユニットを利用した建物の平面図の読み方の一例を右の図中に表示されている番号順に解説します。

屋上階空調平面図

①は屋上階の冷温水発生器と冷温水循環ポンプの配置を示しています。装置の能力が十分に発揮できるように各機器間のスペースを取って配置されているか、保守点検には問題がないかなどの確認が必要になります。

②は冷温水配管とそれぞれの配管サイズを記載しています。配管サイズが引出線の上下に書かれているのは、実際の配管が上下に配置されていることに対応した表現になっています。またここには、屋上の建物への配管の入口から天井内を経由して下階へ配管されている表現もあります。屋上に全て配管されているように見えますが、一部分は下階の天井内に配管されています。下階の図面に表現すると煩雑になる場合は上階側に表現することは多々あるので、下階の図面と注意深く見比べることが必要です。

③は屋外機器の記号です。ポンプ（P）の記号の脇には、その前後に必要なバルブや防振継手などのサイズおよび数量などが記載されています。空調機器表には、この記号とともに、機器名称、仕様・能力などが記載されています。また、実際に配置されている機器本体にはこの記号

が書かれています。

基準階空調平面図

④は冷温水配管およびドレン管の立上りおよび立下りを表現しています。図面の右上方に書かれている④－Aは上階との関係を、左下方に書かれている④－Bは下階との関係を表しています。この図では、上階からこの階まで供給される冷温水配管（CHS,CHR）は、往きと還りあわせて10本の配管が立下がり、下階へは8本が立下がっていることから、2本分の冷温水配管系統がこの階のものであることが分かります。

⑤では、ファンコイルユニットへ送られている配管が3本になっていることが分かります。配管系統図と配管平面図によって、2管式のリバースリターン方式の配管であることが確認できます。往き管（CHS）、還り管（CHR）の区別と同時に、配管サイズも表現されています。

⑥はファンコイルユニットを表現しています。室全体の空調バランスを最優先に考慮すると同時に、照明器具との関係も考慮されています。また、ファンコイルユニットの廻りの四方に向いた矢印は、ファンコイルユニットから空気が吹出している方向を示しています。

⑦はファンコイルユニットの記号と数量を表示しています。この記号から空調機器表に記載されている機器名称、仕様・能力などを確認することができます。

空調配管平面図の読み方の例

屋上階空調平面図

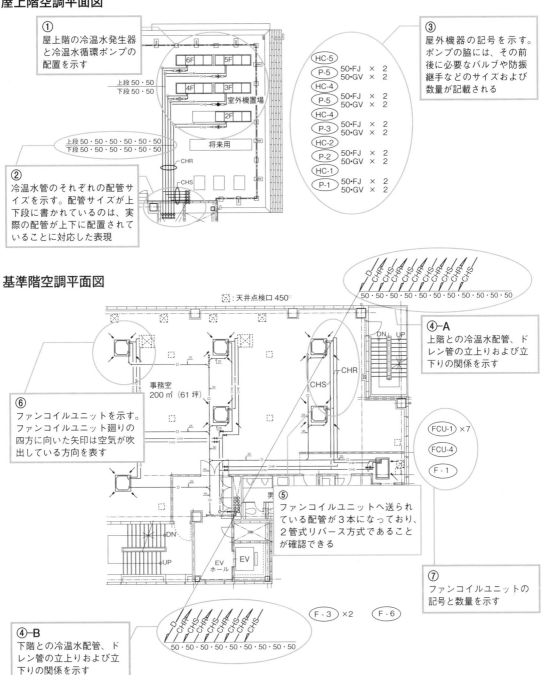

①
屋上階の冷温水発生器と冷温水循環ポンプの配置を示す

上段 50・50
下段 50・50

上段 50・50・50・50・50
下段 50・50・50・50・50

将来用

CHR
CHS

室外機置場

6F　5F
4F　3F
2F

②
冷温水管のそれぞれの配管サイズを示す。配管サイズが上下段に書かれているのは、実際の配管が上下に配置されていることに対応した表現

③
屋外機器の記号を示す。ポンプの脇には、その前後に必要なバルブや防振継手などのサイズおよび数量が記載される

HC-5
P-5　　50・FJ × 2
　　　　50・GV × 2
HC-4
P-5　　50・FJ × 2
　　　　50・GV × 2
HC-4
P-3　　50・FJ × 2
　　　　50・GV × 2
HC-2
P-2　　50・FJ × 2
　　　　50・GV × 2
HC-1
P-1　　50・FJ × 2
　　　　50・GV × 2

基準階空調平面図

⊠：天井点検口 450□

D
CHR
CHS CHR
CHS CHR
CHS CHR CHS CHR CHS
50・50・50・50・50・50・50・50・50・50・50

事務室
200㎡（61坪）

CHR
CHS

DN　UP

DN
UP

EV
ホール

EV

④-A
上階との冷温水配管、ドレン管の立上りおよび立下りの関係を示す

FCU-1 ×7
FCU-4
F-1

⑥
ファンコイルユニットを示す。ファンコイルユニット廻りの四方に向いた矢印は空気が吹出している方向を表す

⑤
ファンコイルユニットへ送られている配管が３本になっており、２管式リバース方式であることが確認できる

⑦
ファンコイルユニットの記号と数量を示す

④-B
下階との冷温水配管、ドレン管の立上りおよび立下りの関係を示す

D
CHR
CHS CHR
CHS CHR
CHS CHR CHS
50・50・50・50・50・50・50・50・50

F-3 ×2　　F-6

> **トラブル事例**
>
> **「図面と現場④」**：保守管理の現場では、全てにおいて図面より現場の状況が優先されます。現場の状況が、設計図や竣工図が作成された後の変更により図面と食い違う場合があります。その都度設計図面が作られていれば良いのですが、軽微な変更は図面なしで行うこともあり得るのです。

換気ダクト平面図の読み方

空気調和機器および冷媒配管または冷温水配管の配管系統図に、換気のダクトを同時に表現すると非常に見づらくなることがあるため、一般に、換気のダクト配管は別の図面として表現します。

換気ダクト平面図の読み方の一例を、右の図中に表示されている番号順に解説します。

基準階換気ダクト平面図

①は給気ダクトおよび排気ダクトと建物外壁との関係を表現しています。図では外壁面に200φのベントキャップ(VC)があり、内壁側には防火ダンパー（FD）が取り付けてあります。FDの脇の破線の対角線のある四角の記号は、FDの点検や操作のために設置される天井点検口450角を表しています。なお一般的には、天井点検口は設備工事の範疇ではなく建築工事になります。

②は空調用換気扇(全熱交換器)本体を表現しています。記号はHEX-1と表記され、この記号により空調機器表で機器名称や性能などを確認することができます。この空調用換気扇には給気用と排気用のダクトが接続され、ダクトは室内の換気を考慮した位置に吹出し口と吸込み口が配置されるように経路を考えて表現されています。また一般に、空調用換気扇は天井内に設置し天井面には現れないので、照明器具との関係はあまり重要視しません。

③は室内空調機を破線で表現しています。換気図面では空調機器は主役ではないので破線で表現し、室内での配置が分かるようにしておきます。

④には、室名およびその室に設置されている吹出し口と吸込み口の風量・形状、数量が記載されています。吹出し口と吸込み口の区別は、矢印の向きとダクトの経路をたどることにより判断できます。これらにより室内における換気の風量の確認とその経路が適切であるかが分かります。④の表はここでは換気用に表現されていますが、空調用ダクト図面が作成される場合もこれと同様に表現されます。

⑤はダクトの形状・サイズを表現しています。各ダクトの経路上に必ず一箇所以上は表現されています。この図面では、円筒型スパイラルダクトで直径200mm、150mmのものが使用されています。

天井内に設置されることが多く、建物の竣工後は確認することが困難なダクトも、この平面図によって経路と形状・サイズがわかるのです。

⑥は換気用機器や空調機の記号と数量が表現されています。この記号を空調機器表と照合することにより、機器名称、仕様・能力などを確認することができ、実際に設置されている空調機器の管理を行うことができるのです。

⑦は便所用の換気扇およびダクトの経路と形状・サイズ、FD、天井点検口などを表現しています。

基準階換気ダクト平面図

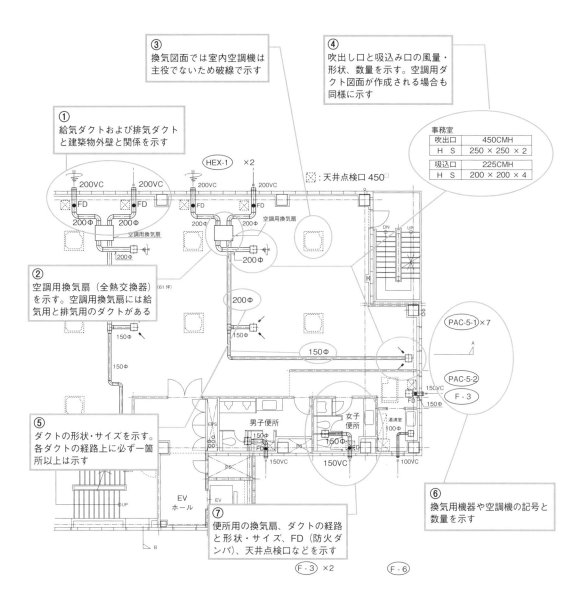

③ 換気図面では室内空調機は主役でないため破線で示す

④ 吹出し口と吸込み口の風量・形状、数量を示す。空調用ダクト図面が作成される場合も同様に示す

① 給気ダクトおよび排気ダクトと建築物外壁と関係を示す

事務室	
吹出口	450CMH
H S	250 × 250 × 2
吸込口	225CMH
H S	200 × 200 × 4

⽥：天井点検口 450□

② 空調用換気扇（全熱交換器）を示す。空調用換気扇には給気用と排気用のダクトがある

⑤ ダクトの形状・サイズを示す。各ダクトの経路上に必ず一箇所以上は示す

⑥ 換気用機器や空調機の記号と数量を示す

⑦ 便所用の換気扇、ダクトの経路と形状・サイズ、FD（防火ダンパ）、天井点検口などを示す

200VC　200VC　200VC　200VC

HEX-1　×2

FD　FD　FD　FD
200φ　200φ　200φ　200φ

空調用換気扇

空調用換気扇

200φ

(61坪)

150φ

150φ

150φ

150φ

150φ

200φ

150φ

PAC-5-1 ×7

PAC-5-2

F - 3

150VC
150φ
FD

男子便所

女子便所

湯沸室

100φ

EPS

150φ
FD

PS

150VC　150VC　100VC

PS

EV
ホール

EV

F - 3　×2

F - 6

用語解説

「天井点検口450角」：天井点検口の大きさが、450㎜四方の正方形の意味で、人の体がぎりぎり入る大きさ。点検口は、必ず設備的に保守・点検が必要なところに設置される。

保温材

保温材の目的と種類

建築設備では、断熱を目的として使用する材料を総称して断熱材と呼んでいますが、本書では、「断熱材」＝「保温材」と定義して解説します。

保温材の目的は、熱の放散または浸入の防止、一定の温度保持、結露の防止や火傷・火災の防止などがあります。保温材は、一般にその内部に空気を保持することにより熱を伝えにくくしますが、空気の代わりに空気より熱伝導の小さな気体や真空を利用したものもあります。

保温材には、その用途や原料などから多種多様なものがあり、液体窒素を扱う－253℃から原子炉などの2,000℃まで幅広い温度帯域で使用されています。さらに、省エネルギーの観点からも重要な位置づけになっています。

一般的に、空調・換気設備に使用される保温材は、無機系保温材と有機系保温材に分類されます。

無機系保温材

グラスウールは、けい砂、長石、石灰石ソーダ灰などを原料としたガラスを繊維状にしたもので、性能の割に安価で燃えにくいなどの利点があります。形状には、ウール状、フェルト状（ロール、マット）、ボード状、筒状などがあります。水を含みやすいことが欠点でしたが、最近は撥水加工することでその欠点も改良されています。

ロックウールは、石灰・ケイ酸を主成分とする耐熱性の高い鉱物を溶融して繊維状にしたものです。650℃以上の熱にも耐え、有毒ガスの発生もなく撥水性・耐熱性に優れた保温材です。形状には、保温筒、保温板、保温帯、フェルト、マット、バルク状、ブラケットなどがあります。またその他に、耐火被覆材として吹き付けるものや、建材としての天井化粧吸音板などがあります。

有機系保温材

ポリスチレンフォーム（ビーズ法）は、代表的な発泡プラスチック系保温材で、いわゆる発泡スチロールです。粒の中に独立した気泡構造を持ち、水や湿気に強い構造です。保温性能に優れていて、金型で各種の形状を作ることができます。

硬質ウレタンフォームは、微細な独立気泡で形成された保温材です。気泡には熱伝導の極めて低いガスを使用しているため、高い保温性能があります。また、施工現場での発泡が容易で接着性も高いため、複雑な構造体に対しての現場施工にも適しています。

ポリエチレンフォームは細かい独立気泡で形成されており、耐湿度、耐水性に優れた保温材です。

無機系・有機系ともに、それぞれの種類にさまざまな製品があり、用途に応じて使い分けられています。

無機系保温材と有機系保温材

	無機系保温材		有機系保温材	
繊維質	グラスウール、ロックウール	発泡質	ポリスチレンフォーム	
	セラミックファイバー		硬質ウレタンフォーム	
多孔質	ケイ酸カルシウム		ポリエチレンフォーム	
			フェノールフォーム	

種類別の製品・用途・原料

種類	製品	おもな用途	原料など
グラスウール	グラスウール保温材	空調・衛生・プラント設備の保温・保冷	けい砂・長石・石灰石ソーダ灰などをガラスで繊維状にしたもの
	グラスウール吸音材	消音・吸音用・遮音用・消音器	
	住宅用グラスウール断熱材	住宅の天井・壁・床の断熱・防露・防音用	
	ダクト用グラスウールボード・円形ダクト	空調用低速ダクトチャンバ・吹出しボックス	
ロックウール	ロックウール保温材	空調・衛生・プラント設備の保温・保冷	石灰・ケイ酸を主成分とする耐熱性の高い鉱物を繊維状にしたもの
	ロックウール吸音材	消音・吸音用・遮音用・吸音器	
	住宅用ロックウール断熱材	住宅の天井・壁・床の断熱・防露・防音用	
セラミックファイバー	ブランケット・フェルト・セラミックブロック	建築用耐火被覆材・吸音材	
	ファイバ紡績品	各種熱シール・遮音カーテン・厨房排気ダクト断熱カバー	
発泡プラスチック	ポリスチレンフォーム（ビーズ法）保温材（押出し法）	空調・衛生・プラント設備の保冷工事用	ポリスチレンに発泡剤および難燃剤を添加し、発泡させたもの
	硬質ウレタンフォーム保温材	空調・衛生・プラント設備の保冷工事用	ポリイソシアネートとポリオールを主原料とする。触媒・発泡剤・製泡難燃剤などを添加
	ポリエチレンフォーム保温材	空調機用冷媒管の保温・保冷、給排水の結露・凍結防止・給湯管の保湿、一般建築物の断熱、空調機・冷凍機の断熱材料、保温保冷用被覆銅管	ポリエチレン・ポリエチレン共重合体、ポリプロピレン・ポリプロピレン共重合体およびそれらを混合したもの
無機多孔質	ケイ酸カルシウム保温材	建築用鉄骨などの耐火被覆	ケイ酸質（ケイ石・けい藻土）と石灰（生石灰・消石灰）を原料としたもの

トラブル事例
「屋外配管の保温仕上げ」：ラッキングの防水処理が不適切であったために、継ぎ目から雨水などの水が浸入して配管と保温材を劣化させ寿命を縮めた事例があります。配管設備にとって屋外配管の保温仕上げは、高い完成度が要求されます。
※ラッキング：配管を保温材で被覆し、外装材で巻いて仕上げること

貫通部の注意点

　建物に設備を施工するときに、設備の機能を十分に発揮するために、建築の構造部分である梁や壁、床、屋根の防水部分などに配管やダクトなどを貫通させる場合が出てきます。また、そこが防火区画の壁や床などの場合もあります。

　建築においても、設備においても互いの持つ性能や機能を阻害しないように施工しなければなりません。本項では、それらのいくつかの事例を解説します。

防水貫通部

　建築で防水が要求される部位には、屋根、外壁、地下外壁、浴室、厨房などがあります。

　屋根部分におけるダクトや配管などの貫通部は防水上の弱点となるため、なるべく防水層を貫通しないようにパイプシャフトの上部にダクトや配管などの取り出し口が設けられることが一般的です。屋根防水の立上り部より上部からダクトや配管が屋外へと取り出され、さらに貫通部（A部）には防水措置としてシーリングが施されます。なお、この取り出し口のことを通称ハト小屋と呼んでいます。

　外壁の貫通部の漏水対策には、シーリング防水の施工が一般的です。シーリング防水は、経年変化（劣化）によるひび割れで防水の機能を果たせなくなることがあるので、定期的なメンテナンスが必要になります。

　また、コンクリート貫通部の施工では、あらかじめ、下地コンクリートと一体となる打ち込み用のスリーブ（つば付スリーブ）を使用して防水に万全を期すことが重要です。

防火区画貫通部

　建築基準法および消防法にもとづき、建物内の各室の配置において防火区画とされる部分に、設備関係の冷媒配管、冷温水配管、ダクト、信号線などが貫通する場合には、法令に従った施工方法で施工しなければなりません。

　防火区画を貫通する配管が不燃材料である配管用炭素鋼鋼管の場合は、保温が必要な配管、保温の必要がない配管のどちらの場合も、貫通部周囲の充填材は脱落しないようにしなければなりません。また、この充填材は不燃材でなければなりません。

　また、配管が塩化ビニル管など不燃材料でない場合には、防火区画貫通部の周囲（隙間）をモルタルまたはその他の不燃材料で充填して、貫通部の前後1メートルの部分は不燃材料としなければならないという規定もあるので注意が必要です。

　そのほか、冷媒配管などの銅管や信号線、電線などは、国土交通省の認定を受けた防火区画貫通部用の製品があります。

屋上防水部分の貫通

屋上立上り貫通（ダクトの場合）

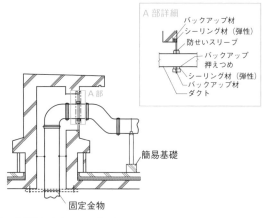

A部詳細
- バックアップ材
- シーリング材（弾性）
- 防せいスリーブ
- バックアップ押えつめ
- シーリング材（弾性）
- バックアップ材
- ダクト

簡易基礎

固定金物

屋上立上り貫通（冷媒管の場合）

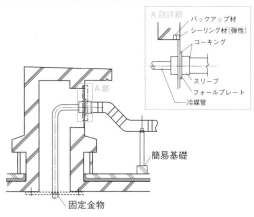

A部詳細
- バックアップ材
- シーリング材（弾性）
- コーキング
- スリーブ
- フォールプレート
- 冷媒管

簡易基礎

固定金物

外壁貫通部の防水

外壁貫通部配管（保温材ありの場合）

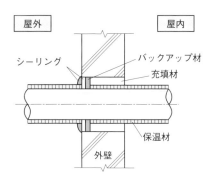

屋外　　屋内
- シーリング
- バックアップ材
- 充填材
- 保温材
- 外壁

外壁貫通部配管（保温材なしの場合）

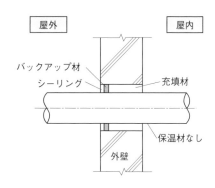

屋外　　屋内
- バックアップ材
- シーリング
- 充填材
- 保温材なし
- 外壁

防火区画貫通部（不燃材配管の場合）

保温が必要な配管

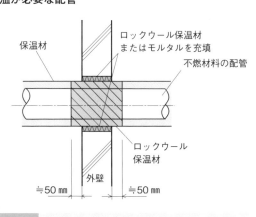

- 保温材
- ロックウール保温材またはモルタルを充填
- 不燃材料の配管
- ロックウール保温材
- 外壁

≒50 mm　≒50 mm

保温が必要ない配管

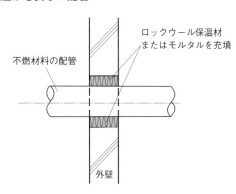

- ロックウール保温材またはモルタルを充填
- 不燃材料の配管
- 外壁

用語解説　**「ハト小屋」**：ハト小屋とは、配管やダクトが屋内から屋外へ出て行く部分を覆う小規模の小屋で、建物の屋根防水を守る役割と配管やダクトの防水も兼ねている。

設備機器の設置

設備機器の搬入、設置に関してあらかじめ確認しておきたいことは、機器仕様・性能の確認、法的規則、建築と設備の計画上の問題、機器が周囲におよぼす振動や騒音、機器のレイアウトなどです。さらに、地震などの災害時に、機器や建物に損傷が生じないことなども重要になります。施工の現場においては搬入・据付け工事計画もしっかり立てることが重要です。また、設備機器の保守および点検の面から考慮すべき事項は、機器本体や設置部材の品質が確保できるように日常的な保守・点検や機器の修理・交換が支障なく行えることです。

機器仕様・性能の確認

まず、設置する設備機器が、標準仕様書や共通仕様書、特記仕様書、設計図などにおいて記載されているどれに該当するかを確認して、機器の種類や形式、容量、圧力などの要求性能を確認する必要があります。これは、施工に際してはもちろんのこと、設置後の保守・点検の継続のためにも重要なことです。

法的規則

設備機器によっては、機器の種類や性能に応じて、建築基準法、消防法、労働安全衛生法や公害防止などの条例にもとづき設置場所を制限される場合があるため、事前の確認が必要になります。また、設置後の保守・点検の現場では機器性能の維持・管理が必要となります。

建築と設備の計画上の問題

建築の意匠デザインと設備との連携の不備や、設備機器の間での取合いなど、具体的にトラブルとなるケースがあります。実際に発生したトラブル事例に、煙突の排気口近くに冷却塔を設置した結果、冷却塔に煙突の排気が流れ込み冷却水を汚染した事例や、屋上にあった外気取り入れ口近くの冷却塔から微生物に汚染された冷却水が飛沫し、外気と一緒に空調機に取り入れられた結果、健康被害になった事例などがあります。

設備機器が周囲におよぼす振動や騒音

設備機器の振動や騒音は、様々なルートで外部へと伝播していきます。保守・点検の現場で振動や騒音が外部へ伝播することが確認された場合には、適切な検証と判断が必要です。その上で、防振や遮音、吸音の対処を行う必要があります。

機器のレイアウト

設備機器の選定が終了後、機器の製作図を取り寄せて、機器のレイアウトを行い、この段階で前述の法的規則や建築躯体や設備機器間の取合い、振動・騒音などを考慮するとともに、設置後の保守管理や部品交換を想定して適切な配置を決める必要があります。

建築と設備の計画上の問題点

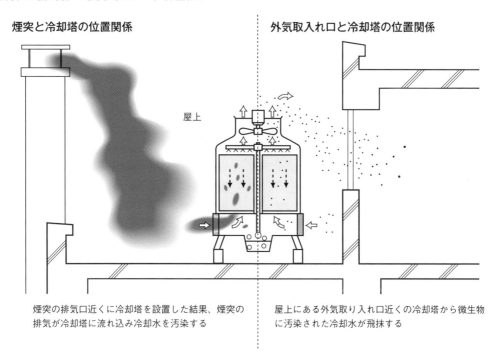

煙突と冷却塔の位置関係

外気取入れ口と冷却塔の位置関係

屋上

煙突の排気口近くに冷却塔を設置した結果、煙突の排気が冷却塔に流れ込み冷却水を汚染する

屋上にある外気取り入れ口近くの冷却塔から微生物に汚染された冷却水が飛抹する

設備機器が周囲におよぼす振動や騒音

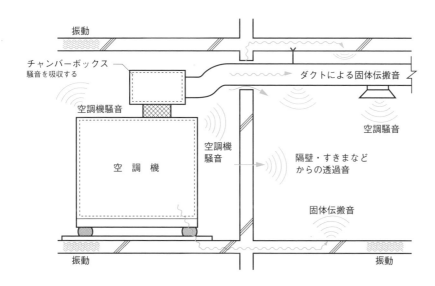

振動

チャンバーボックス
騒音を吸収する

ダクトによる固体伝搬音

空調機騒音

空調騒音

空調機騒音

空調機

隔壁・すきまなどからの透過音

固体伝搬音

振動

振動

| 用語解説 | **「取合い」**：建築と建築、設備と建築、設備と設備など、それぞれが必要としているものや空間などを、お互いに要求し合うこと。最終的には、それぞれの要求を踏まえ、お互いに調整し合って納まりを付ける。 |

配管工事のツボ

配管の施工は、着工から完成まで一貫した計画のもとで管理されなければ、品質の高い製品は生まれません。設計図の検討から始まり、配管材料・施工方法の検討・選択、施工図の作成、現場での関連工事との取合い、現場施工および最終の試験まで、いずれの段階にも十分な計画・管理が必要です。

施工のポイントは施工図にあり！

施工図の作成には、設計図、工事共通仕様書、機器カタログ、関連法規書などが必要となります。これらをもとに、施工上必要な箇所の図面リストを作成し、現場で間違いのない施工を行うための施工図を作成します。

建築・電気工事などとの取合い

配管などを建築の構造躯体を通す部分に穴を開ける方法のひとつにスリーブを入れる方法があります。施工図に従って、スリーブを壁の幅に切ってコンクリート型枠に取付けておき、コンクリートを打ち込み、型枠を外すと壁に穴が開いている方法です。また、配管などを支持する金物を建築の構造躯体に固定する場合も、あらかじめ型枠にインサート金物を固定しておき、コンクリートを打ち込み、型枠を外すと支持金物が固定できる状態にします。これらのように、あらかじめ建築の構造設計と打合せを行い構造躯体の負担を回避する方法でスリーブや金物の位置決めを行うことが建築との取合いになります。電気工事との取合いは、電気室やEPS（電気用パイプシャフト）などを、空調や衛生の配管が通過しないように、あらかじめ計画を摺り合わせることです。特に水に関する配管は電気にとっては大敵なので注意が必要です。

配管勾配と先下がり・先上がり

配管の距離が長くなると、配管内に空気が溜まり、流体の流れが悪くなります。これを防ぐために、配管には微妙に勾配を付けて施工します。この配管の勾配の向きが、流体の流れに沿って下がるものを先下がり配管といい、上がるものを先上がり配管といいます。

吊り金物・支持金物・鳥居配管

吊り金物や支持金物の基本的な役割は配管を固定することで、その種類は配管の使用目的により様々なものがあります。設置の要領や部材の詳細な寸法は、配管の口径や本数、設置場所などにより異なります。

鳥居配管とは文字通り鳥居の形になった配管で、鳥居上部に空気が溜まりやすく、配管内の流体の流れを阻害する原因となるため、この形の配管は避けるようにします。建築躯体やほかの設備機器との取合い上、鳥居配管にせざるを得ない場合は、鳥居上部に空気抜き弁を設けて流体の流れを確保します。

配管工事の流れとポイント

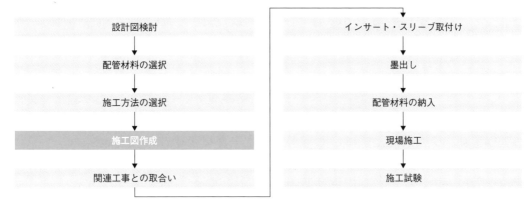

設計図検討 → インサート・スリーブ取付け

配管材料の選択 → 墨出し

施工方法の選択 → 配管材料の納入

施工図作成 → 現場施工

関連工事との取合い → 施工試験

吊り金物・支持金物・鳥居配管の例

吊り金物

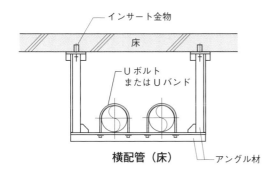

インサート金物

床

Uボルト
またはUバンド

横配管（床）

アングル材

鳥居配管

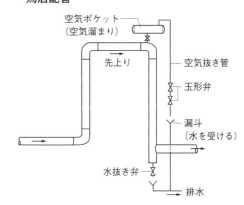

空気ポケット
（空気溜まり）

先上り

空気抜き管

玉形弁

漏斗
（水を受ける）

水抜き弁

排水

支持金物

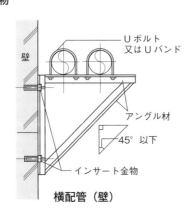

Uボルト
又はUバンド

壁

アングル材

45°以下

インサート金物

横配管（壁）

支持金物

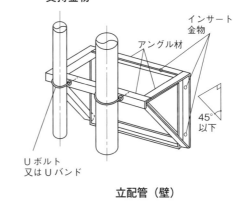

インサート金物

アングル材

45°以下

Uボルト
又はUバンド

立配管（壁）

用語解説

「スリーブ」、「インサート金物」：スリーブは、配管などのために梁などの構造部や壁・床などの躯体を貫通する比較的小さな孔（あな）。インサート金物は、コンクリート打設の前に型枠に取付ける内ねじを切った金物で、ここでは、配管やダクトを支持するアングル材（a材）を固定するために、ボルトをねじ込んで使用する。

ダクト工事のツボ

ダクト施工の現場は、施工図の作成から始まります。ダクト施工図は、できあがりの姿を事前にチェックすることで問題解決を図り、設計品質を向上させる手段です。

ダクト施工の完成までの概略は、設計図・特記仕様書確認によるダクト接続工法や板厚などの検討から始まり、設計図・設計計算書確認による室内負荷、換気量、系統などの検討、ダンパ種類、取付け位置など法令に関わる事項の確認、建築図の確認、ダクトルートの検討、機器静圧計算、機器選定、施工図の作成、現場での関連工事との取合い調整、施工図修正、施工図提出・承認申請、施工図承認、現場施工・完成、試験という流れになります。この工程は一見複雑に見えますが、一旦施工が終わるとほとんどやり直しがきかないため、細部に至るまでの十分な検討・検証が必要です。

長方形（矩形）ダクト

一般的な長方形ダクトの材料は亜鉛鉄板ですが、流れる空気の性質や施工する建物の室の要求によって、ステンレス鋼板やガルバリウム鋼板、塩化ビニルライニング鋼板などが使用される場合もあります。また通常、ダクトの板厚は物件ごとの特記仕様書に記載されています。

さらに、ダクト内を空気が流れるときに発生する振動や騒音を防止するためや、ダクトの内外圧力差によるダクトの変形や破損を防ぐために、形鋼で補強することもあります。

円形ダクト

円形ダクトは、鋼板を丸めて作る丸ダクトと、帯状の鋼板をらせん状に甲はぜ掛けと呼ばれる継ぎ目の方法で機械巻きして作るスパイラルダクトに大きく分けられます。一般的には、甲はぜ掛けによって高い強度が得られるスパイラルダクトが使用されます。ダクトとダクトをつなぐ場合は、丸ダクト、スパイラルダクトともに、差し込み継手またはフランジ継手が用いられます。

ダクトの吊り方法

ダクトの吊り方は、受けアングルをダクトの下に受け、吊りボルトで天井や上階の床から吊る方法が一般的です。

ダクトの勾配

浴室からの排気のように、湯気がこもって湿った空気はダクト内で凝縮（結露）するため、ダクト内に水滴が付きダクトの継手などから天井に漏れる場合があります。対策としては、凝縮水がダクト内に溜まらないように吸込み口あるいは排気ガラリに向けてダクトに勾配を付けて施工を行います。

ダクト工事の流れ

設計図・特記仕様書確認（ダクト接続工法など）
↓
設計図・設計計算書確認（室内負荷など）
↓
法令に関わる事項の確認
↓
建築図確認
↓
ダクトルート検討
↓
機器静圧計算
↓
機器選定

施工図作成
↓
他設備との取合い調整
↓
施工図修正
↓
施工図提出、承認申請
↓
施工図承認
↓
現場施工・完成
↓
施工試験

長方形ダクトの形鋼補強

形鋼の厚みだけ折曲げ加工し、
横補強ともボルト締め

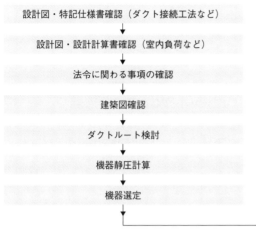

円形ダクトの構造と継手

スパイラルダクトの継ぎ目の構造（甲はぜ掛け）

円形ダクトの差し込み継手

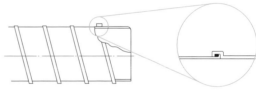

テープ巻き幅

シーラ（高圧ダクトの場合）

ダクト吊り方法

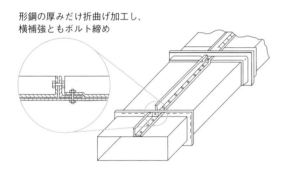

吊りボルト

受けアングル

浴室排気ダクトの勾配

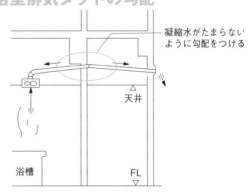

凝縮水がたまらないように勾配をつける

天井

浴槽

FL

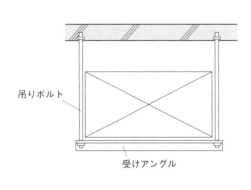

| トラブル事例 | 「クロストーク」：一般にホテルなどでは、宿泊室内へ供給した換気用空気は換気用ダクトを経て廊下に排出するため、ダクト内に消音を施しておかないと室内の会話が廊下へ漏えいする「クロストーク」が発生します。対策は、ダクト内に消音材を内張りするなどの消音処理を施すことです。 |

保温工事

建築設備の保温工事

建築設備の保温工事は、住宅や一般事務所から、工業用、実験用施設まで様々な対象・用途に渡り、それら建築で利用・要求される温度帯は－30℃～500℃程度の広範囲となります。

保温工事は、施工対象物の温度によって使用する材料や施工方法が異なり、その施工名称も、保温工事、保冷工事、防露工事などその利用のされ方によって分けて称している場合もありますが、一般に保温・保冷・防露・防凍工事などを総称して保温工事と表現しています。

JIS A 9501（保温保冷施工標準）では、保温工事・保冷工事・防露工事などに関して次のように定義されています。

①保温：常温以上、約1,000℃以下の物体を被覆し熱放散を少なくすること、または被覆後の表面温度を低下させることを目的とする措置

②保冷：常温以下の物体を被覆し、浸入熱量を小さくし、または被覆後の表面の温度を露点温度以上とし、表面に結露を生じさせないことを目的とする措置

③防露：保冷の一分野で、おもに0℃以上、常温以下の物体の表面に結露を生じさせないことを目的とする措置

保温工事の施工要領

保温工事の施工において留意しなければならない共通事項は次のとおりです。

①建物の防火区画・防火壁や、法令等で指定されている間仕切り、壁、床などを貫通するダクトや配管などの部分は、ロックウールなどの耐火性能を有する材料ですき間を埋める。

②保温材は、施工中も完成後も、常に乾燥状態を保持する。特に、保冷および防露工事においては、保温の外周からの透湿を防ぐために確実に防湿層を施工する。

③保温材を取り扱う場合には、その製品や作業の内容により、特定化学物質等障害予防規則（特化則）、粉じん障害防止規則（粉じん則）などの適用を受けるので、局所換気装置を設け、防じんマスクの着用などが必要。

④工事施工に伴い発生する廃棄物は、建築廃材やガラスくず、陶磁器くず、廃プラスチック類とされ、廃棄物法に従って処理が必要。

一般ダクトの保温仕様例（屋外）は、保温材を巻き付けて固定するために、鋲をダクトに接着剤で接着して保温材が滑るのを防ぎ、防湿材、補強枠、外装材を取り付け、継ぎ目部分をシール材でシールします。

冷水・冷温水・給水・消火・排水管の保温仕様例（屋外）は、保温材を緊縛材で止めて固定した上に防湿材、外装材を取り付けます。外装材の継ぎ目部分は雨が入らないように下面に向け、シール材でシールして雨水などの浸入を防ぎます。

一般ダクトの保温仕様例（屋外）

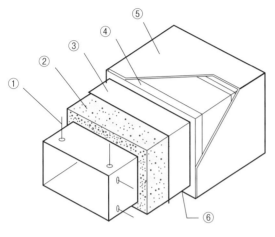

① 鋲：長さ 38 mm，65 mm
② 保温材：グラスウール保温板 2 号
　　　　　ロックウール保温板 1 号，2 号
③ 防湿材：ポリエチレンフィルム
　　　　　（JIS　Z　1702）厚さ 0.05 mm
　　　　　アスファルトルーフィング 940 g / ㎡
　　　　　アスファルトフェルト 430 g / ㎡
④ 補強枠：亜鉛鉄板製 40×20× 厚さ 0.35 mm
⑤ 外装材：カラー鉄板：厚さ 0.35 mm
　　　　　ステンレス鋼板：厚さ 0.3 ～ 0.4 mm
　　　　　アルミニウム板：厚さ 0.6 ～ 0.8 mm
⑥ シール材：シリコーン系，合成ゴム系樹脂
　注）補強枠はダクトサイズ、施工場所など
　　　必要に応じて取り付ける

冷水・冷温水・給水・消火・排水管の保温仕様例（屋外）

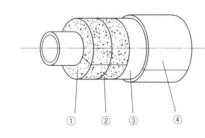

① 保温材：ポリスチレンフォーム保温筒
　　　　　グラスウール保温筒
　　　　　ロックウール保温筒
② 緊縛材：亜鉛鉄線：径 0.5 mm 以上
③ 防湿材：ポリエチレンフィルム：厚さ 0.05 mm
　　　　　アスファルトフェルト 430 g / ㎡
　　　　　アスファルトルーフィング 940g/ ㎡
④ 外装材：着色亜鉛鉄板：厚さ 0.35 mm
　　　　　ステンレス鋼板：厚さ 0.3 ～ 0.4 mm
　　　　　アルミニウム板：厚さ 0.4 ～ 0.6 mm
⑤ シール材：シリコーン系
　　　　　　クロロプレンゴム系
　注 1）　外装材用金属板は、はぜ掛けまたはボタン
　　　　パンチはぜ掛けとして、縦方向の継ぎ目は 25 ～
　　　　50 mm の重ね合わせとし、エルボ部はえび継ぎ加
　　　　工または成型カバーで仕上げる
　注 2）　外装材の継ぎ目はシールを行う

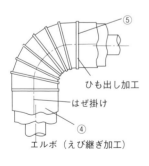

ひも出し加工

はぜ掛け

エルボ（えび継ぎ加工）

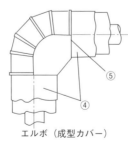

エルボ（成型カバー）

トラブル事例

「吊り金物からの結露」：ダクトや配管などが天井から吊り下げられている場合、吊り金物が直接ダクトや配管に接していると、この吊り金具の部分から熱が伝わり、冷房時や冷水が流れている時などは吊り金具の部分が結露します。この対策は、ダクトや配管を保温材で挟むなどして熱の通り道を遮断することです。

事務所ビルの空調の特徴

事務所ビルは、延べ床面積が数百㎡の小規模のものから、50,000㎡以上の大型ビルまで、その規模には大きな幅があります。また、所有形態や使用形態の面からも様々な形態があります。さらに、ひとつのビルにおいても、各室あるいはフロア単位で様々な使用目的に分かれるため、空調設備の計画・設計から施工においてもその事務所ビルの規模、形態、用途、目的に応じた対応が求められます。

事務所ビルの建築計画と事務所環境

最近は、事務所環境が見直される傾向にあり、それに伴い建築計画そのものも見直す必要が生まれています。

例えば、建築ではアトリウムの採用や事務所内への植栽の導入など、新たな快適性が追求されています。

一方、地球環境問題に対する意識が高まり、省エネを考慮した建築の計画や電灯照明計画、空調計画の見直しなど、広くオフィス環境のあり方にも影響が見られます。空気調和設備の面では、環境制御単位をエリアなどの小さな単位へ小分け、分散化して、個別の空調および管理が容易になることが要求されています。

事務所ビルの空調設計上の注意点

従来、事務所ビルの建築は、ある決まった一律の値を用いて計算・設計を行っても大きな問題はありませんでしたが、近年では、各室あるいはフロア単位で様々な使用目的に合わせた空調が要求されるようになり、計画段階から使用目的・条件などを十分に認識しておかないと、設計条件と使用条件が大きく食い違う結果となるため注意が必要です。特に近年目覚ましい発展を遂げている情報・通信設備は事務所ビルのあり方に影響を与えつつあり、それらと連携した柔軟性のある空調設備計画が要求されています。

事務所ビルのリニューアル

事務所ビルのリニューアルは、単に劣化した設備の更新ではなく、事務所環境の見直しに伴う陳腐化した設備の全面的な改修です。リニューアルを機に、あらためて空調負荷計算を行った結果、建築本体に関わる計画になることもあります。

最近では、新築当初の計画段階から将来のリニューアルを想定することの重要性が認識されています。

事務所ビルの空調システム

事務所ビルの空調方式に関する調査例などによると、延べ床面積50,000㎡以上の大型ビルでは、空調機(エアハンドリングユニット)＋単一ダクト方式が大半ですが、建築規模が小さくなるにつれてヒートポンプ式マルチエアコンなどの個別方式が増加する傾向にあります。また、最近では5,000～30,000㎡規模の建物でも、個別方式の空調システムの採用が増加傾向にあります。

事務所ビルの規模と空調方式

大型ビルの場合

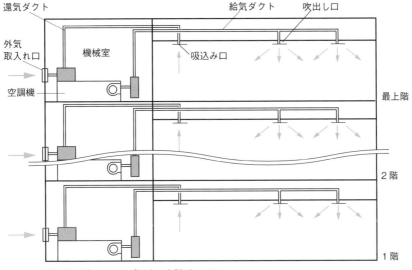

延べ床面積 50,000 ㎡以上の大型ビルでは、
空調機（エアハンドリングユニット）＋単一ダクト方式が一般的

中型ビルの場合

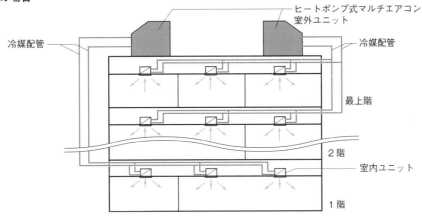

延べ床面積が 5,000〜30,000 ㎡規模の建物でも個別方式の
空調システムの採用が増加

用語解説　**「アトリウム」**：アトリウム(atrium)とは、壁面や天井にガラスなど光を通す材質を使用した吹き抜けがあるエントランスホールなどの開放的な空間。

商業施設の空調の特徴

商業施設の定義

商業施設とは、物品販売業や飲食業を営む店舗などの流通産業施設の総称です。具体的には、コンビニエンスストアなどの小規模店舗から、スーパーマーケット、デパート（百貨店）、地下街といった大規模店舗まで、用途・規模ともに様々なものが含まれます。近年は、都市の再開発などに伴いホテル、スポーツジム、文化施設、レジャー施設、居住施設などの施設との複合化かつ大型化の傾向が見られます。

商業施設の特徴

事務所ビルなどの一般建築との比較における商業施設の特徴は、不特定多数の人の出入りや日々の利用人数の差、照明などの内部発熱量、必要な外気量の差などがあり、それらが商業施設の空調条件を設定する時の大きな要素になります。

室内の温湿度条件と注意点

中央管理方式の空調設備の場合は、建築基準法により室内の温湿度の許容範囲が定められています。一般的に商業施設の室内温湿度条件は、以下のとおりです。

①温度（乾球温度）設定の注意点

a)夏季は店員の健康を考慮して、店舗部分の室温を低くしすぎない26℃前後の設定が最適です。

b)冬季は客と店員の着衣状態に差があるため、店舗事務所など管理部門は22℃、店舗部分は20℃程度の設定が可能です。

c)地下街の通路部分は、店舗部分と比較して夏は高め、冬は低めの温度設定が可能です。

②湿度（相対湿度）設定の注意点

a)夏季は店員の健康および販売商品の品質確保の観点から、事務所ビルなどの一般建築同様55%前後が適切です。

b)冬季は不特定多数の人からの水蒸気の発生を考慮して、事務所ビルなどの一般建築と比較してやや低めの40%程度に設定にして、必要に応じて局所加湿で対応します。

c)地下街の通路部分は、温度条件に対応して湿度条件も夏は高め、冬は低めに設定しても支障はありません。

商業施設の換気

一般店舗部分の換気は「建築基準法」、一定規模以上の建築の換気は「建築物における衛生的環境の確保に関する法律（ビル衛生管理法）」に最低導入量が定められています。

地下街の換気は条例などの規制値を考慮し、飲食業などで火気を使用する室の換気は法的規制の値を最低値として新鮮外気の導入や換気量などを遵守します。

室内の圧力バランスは、飲食店などから発生するにおいや煙などが他の空間に浸入しないように、空気の流れとその強さを考慮します。

商業施設の室内温湿度条件（一般値）

店舗規模	季　節	対象場所	乾球温度（℃）	相対湿度（%）
大規模店舗	夏季	店舗部分	25 ~ 27	50 ~ 60
		通路部分	26 ~ 28	55 ~ 60
	冬季	店舗部分	20 ~ 22	40
		通路部分	18 ~ 20	40
小規模店舗	夏季	店舗部分	25	60
	冬季	店舗部分	18 ~ 20	40

用途・規模別商業施設における空調設備の設計条件と注意事項事例

	デパートなど大規模店舗	ショッピングセンター	スーパーマーケット	地下街	小規模店舗
ゾーニング	売り場・飲食・管理部門など用途に応じ決定する	共用部分と専用部分の分離	高度な要求は少ない	通路部分と店舗部分の明確な分離	単一用途がおもなためゾーニングの必要はない
空調の対応	同一空間内での熱負荷特性に応じた空調設備が必要中間期は外気冷房を取り入れるなどの省エネも考慮する	業種による営業時間や負荷特性の違いに対応	足下などへのショーケースからの冷気対策が必要	明確に区分されているので、夏は高め、冬は低めの温度設定で省エネルギーを図る	基本的に個別の対応となる
換気量	延べ面積が3000㎡を超える場合、建築基準法およびビル衛生管理法による	延べ面積が3000㎡を超える場合、建築基準法およびビル衛生管理法による	建築基準法による	建築基準法によるほかに地方条例の規制にも留意する	建築基準法による
火気使用室	燃焼器具に関しては、建築基準法により定められている	燃焼器具に関しては、建築基準法により定められている	燃焼器具に関しては、建築基準法により定められている	燃焼器具に関しては、建築基準法により定められている	燃焼器具に関しては、建築基準法により定められている
室内の圧力（空気の）バランス	飲食店など、空調および換気を含めた空気の流れや方向を十分に考慮して、臭気などの拡散を防ぐ	作業部分と売り場部分は明確に分離する	作業部分と売り場部分は明確に分離する	飲食店など、空調および換気を含めた空気の流れや方向を十分に考慮して、臭気などの拡散を防ぐ	単独なので考慮しない
空気の清浄度	延べ面積が3000㎡を超える場合、建築基準法およびビル衛生管理法による	延べ面積が3000㎡を超える場合、建築基準法およびビル衛生管理法による	建築基準法による	建築基準法によるほかに地方条例の規制にも留意する	建築基準法による
その他	商品に対する漏水対策（水配管を制限するなど）	各テナントの要求を満たす空調設備	食品実演コーナーの設置・追加などへの対応	換気量の確保	物販・飲食など、それぞれの用途に応じた空調方式を採用する

トラブル事例

「空気量のバランス」：商業施設内で飲食店などのニオイ（良くも悪くも）が他の店舗を漂うことがあります。空調によって供給された空気の量が適切でない時、空気の流れと経路は想定を超えて思いも寄らぬ所へ流れ込むことがあります。これは空気量のバランスが悪いことが原因です。対策は、商業施設内の空気量のバランスを正しく把握して、空気の流れと量を調整することです。

宿泊施設の空調の特徴

宿泊施設の定義

宿泊施設には、シティホテル、リゾートホテル、ビジネスホテル、旅館、保養所などがあり、そのおもな用途・目的は、宿泊、宴会、集会、飲食の提供です。また近年では、物販やレジャー施設の提供、社会的行事、情報の提供、ビジネス支援などの機能の付加が行われたり、地域再開発における中核的施設として扱われるなど、多機能な複合的建築物になってきています。

宿泊施設の設備計画における特徴

宿泊施設の設備計画において考慮すべきことは、不特定多数の人の終日利用や年中無休24時間営業という特徴の認識から始まります。この特徴から、顧客に対する高度な安全の確保と設備機器の耐久性、信頼性、保守性が重要になります。さらに、設備の事故や保守管理に対するバックアップ体制や多用途の室別の目的にあった環境提供の必要性なども重要な特徴です。

宿泊施設の空調システム計画

宿泊施設の空調計画には、ゾーニングという手法が使われています。これは、部屋の用途や位置、空調の時間帯、熱負荷の特性および全体施設の配置計画などを考慮し、それぞれに適切な空調が行えるよう計画するための手法です。ゾーニングにより計画された空調システムは、それぞれの施設の規模に応じて最適化された方法が選択され、営業を続けながらの保守管理についても計画段階で検討されます。

平均的な宿泊施設におけるゾーニング計画によるおもな系統は、客室系統、宴会場系統、レストラン系統、ロビー系統およびその他の系統に分けられます。

シティホテル、リゾートホテル、ビジネスホテルのホテル分類と、おもな空調システムの種類とそれらの特徴との適用関係は、右表(上)のとおりです。

また、ゾーニングにもとづいて最適な空調システムを選択する際の目安となるホテルの規模と熱源の種類との適用関係は、右表(下)のとおりです。

求められる省エネルギー性

民間の宿泊施設は、基本的に営利目的で経営されるため、設備に関しても省エネルギーや省資源化によるコスト削減が求められます。また、現代において省エネルギーや省資源は社会的ニーズであり、その取り組み姿勢は企業としての社会的責任ともいえます。

近年では、空調設備に関係する省エネルギーや省資源対策としてコージェネレーションシステムの導入や、太陽熱・温泉熱などの自然エネルギーの有効利用、熱回収のための排湯・排熱利用などが積極的に取り入れられつつあります。

宿泊施設のおもな空調システムと特徴・適用

空調方式	特　　徴	シティ ホテル	リゾート ホテル	ビジネス ホテル
ファンコイルユニット ＋　外気処理ユニット	客室のフォンコイルユニットで冷暖房を行い、外気調和機で処置された外気を各室に供給し換気を行う。大・中規模のホテルに適する	A	A	A
ファンコイルユニット ＋　個別換気	各室のファンコイルユニットで冷暖房を行い、換気は個別方式で直接外気を取り入れて行う。寒冷地では外気処理が必要である。中・小規模ホテルに適する	C	A	B
コンベクタ （またはパネルヒーター） ＋　外気処理ユニット	寒冷地で暖房のみ行う場合に用いられ、室内の上下温度差や窓面のコールドドラフトの少ない空調システムである。中・小規模ホテルに適する	C	A	C
可変風量（VAV）	各室にVAVユニットを設け、送風量制御により温度調節を行う。省エネルギー、換気量の面では優れるが、還気が給気と混合されるため臭気に注意が必要。大・中規模のホテルに適する	B	B	B
水熱源ヒートポンプ パッケージ	各室に水熱源ヒートポンプパッケージを設置するため、冷房・暖房の切換えは部屋単位で可能である。ファンコイルユニットより騒音は大きくなる。中・小規模ホテルに適する	B	A	A
空冷ヒートポンプパッケージ またはガスエンジンヒートポ ンプパッケージ	各室に空冷ヒートポンプパッケージまたはガスエンジンヒートポンプパッケージを設置し、冷暖房を行う。冷媒管の長さやルートに制約があるため中・小規模のホテルに適する。冷媒ガス漏れによる酸欠に対する配慮が必要	C	A	B
ウォールスルーエアコン	各室の外壁側に床置き型ウォールスルーエアコンを設置し、各室単位で冷暖房切換えを行う。屋外騒音の大きい場所では注意を要する。中・小規模ホテルに適する	C	B	B

注　A：適する　B：やや適する　C：あまり適さない

宿泊施設の規模と空調システムの熱源適用

適　用	冷　房	暖　房	給　湯	その他
大規模ホテル	蒸気吸収式冷凍機	蒸気ボイラ		
	ターボ冷凍機			
	吸収式冷凍機	発電機+排ガスボイラ+ボイラ（コージェネレーション）		
中規模ホテル 小規模ホテル	水冷冷凍機	温水ボイラ／真空式ボイラ／低圧蒸気ボイラ		
	空冷冷凍機			
	冷温水発生機		温水ボイラ／真空式ボイラ／低圧蒸気ボイラ	
	空冷ヒートポンプチラー			
	冷凍機+水熱源 ヒートポンプパッケージ	ボイラ+水熱源 ヒートポンプパッケージ		
	空冷ヒートポンプパッケージ			
	ガスエンジンヒートポンプパッケージ			

トラブル事例

「騒音のクレーム」：ホテルのクレームで最も多いのが騒音や振動に関するものです。特に、換気のために機械室から外気を処理した空気を送るダクトによって伝播する騒音には注意が必要です。対策は、消音エルボを設けるか、ダクト内に消音材を内張りするなどの消音処理を施すことです。

病院・福祉施設の空調の特徴

病院空調のポイント

　病院の空調については、日本医療福祉設備協会により「病院空調設備の設計・管理指針」が制定されています。それによると、空調設備の基本理念として「病院空調は快適環境を目指すとともに、医療効果を促進する環境を作り、感染防止にも貢献する設備としなければならない。」とされています。さらに、「指針の目的と適用範囲」が定められ、「指針の表現方法」では、必ずしも建築設備専門分野の用語の定義とは一致しないことも踏まえて、医療施設に特に関係の深い空調用語を定義しています。なお、一般空調用語に関しては、「空気調和・衛生用語辞典（社団法人空気調和・衛生工学会編）」によることとされています。

病院・福祉施設の空調の特徴

　病院や福祉施設の建物はその目的や使用条件から、一般の建物とは異なる次のような特徴を持っています。

　病院や福祉施設の建物には、様々な目的・用途の部屋があり、それぞれの室内環境条件を満たすために部屋が細分化されることが多くなります。また、そのなかで、一部の部屋が長時間にわたり空調や換気の運転をするなど、部分負荷の運転が長い場合があります。

　病院や福祉施設の建物には、抵抗力の弱い患者と病原菌を保持している患者を同時に収容するため、院内感染を防止するための適切な空気の清浄化が最重要となります。

　病院や福祉施設の建物は、外気の導入量が多く、平面的な広がりに加えて負荷も分散しているため、送風機やポンプなどの搬送動力も大きくなりがちで、エネルギーの消費量も大きくなります。

　病院には高度な治療や看護を行う手術室や未熟児室などがあり、これらの部屋の空調設備が停止すると人命に関わる場合があります。そのため、あらゆる自然災害を想定して、その中で設備が常に安定的に稼働する安全性と信頼性が要求されます。

　多種多様な設備機器・配管などが、常に安定的に安全で信頼できるものであるためには、バックアップシステムが必要であるとともに、それらに対する保守管理体制も重要になります。

患者の立場に立った設備計画

　病院に収容される患者は、肉体的にも精神的にも抵抗力・順応力が弱まっている状態にあります。

　これからの病院や福祉施設の空調設備の計画・設計には、柔らかな冷暖房が可能な放射パネルの採用など患者の立場に立った設備計画が重要になります。また、温熱環境についても手術室や分娩室など様々な部屋の状況に応じた環境が提供できるシステムの選択が重要になります。

病院のファンコイルユニットの事故例

類　別	事故の原因	発　生　現　象
フィルタ関係	目詰まり	フィルタの洗浄不良(粉塵、ほこりおよび寝具・衛生材料からのリネン塵などの除去不完全)による目詰まりによった風量減少、冷・暖房能力低下ならびに空気抵抗による騒音発生(床置き型に多発)
	取付け不良	フィルタの逆取付け(塵埃捕捉面)、フィルタの湾曲などによった集塵効率の低下による吹出し口などの汚染
コイル関係	目詰まり	フィルタ関係のトラブルおよびケーシング不良などによる粉塵、ほこりの目詰まりによった風量減少、冷・暖房能力低下(床置き型に比較的多発)
	フィンの発錆、腐食(表面処理不良、施工時のキズ)	コイルの腐食によった漏水
	管内の腐食、詰まり(コイル材質不良、冷温水の水質不良)	ドレン管を含む管内詰まりによった冷・暖房能力低下および腐食による漏水
ドレンパン関係	ドレンパン据付不良(排水勾配不良)	ドレン管の勾配不良を含む排水不良によったあふれならびに、細菌類の繁殖汚染
	ドレンパンの断熱材不良	断熱材剥離、劣化および損傷による結露
	ドレンパン近接配管の断熱材不良	熱源水配管の断熱材がドレンパンに接触して生じたドレン水の吸水によった結露(天井吊り型に比較的多発)
送風機関係	多翼送風機などの汚染	フィルタおよびケーシングなどの取付け不良による粉塵、ほこり、リネン塵の吸込みによった汚れによる風量減少、冷・暖房能力低下(床置き型、天井吊り型とも多発)
	材質による発錆、腐食	フィルタ、コイルおよびドレンパンに起因した汚染、結露などによる機能低下(風量低下による冷・暖房能力の低下と振動の発生など) ※モータも同様の原因によって絶縁不良を生じて発熱し、最悪の場合は焼損するので定期点検により適切に整備する必要がある
配管関係	配管系の機能障害	配管の腐食、詰まりあるいはエアーだまりなどによって、冷温水の流量バランスが崩れ冷暖房能力が低下する

用語解説

「**日本医療福祉設備協会**」：正式名称は「一般社団法人日本医療福祉設備協会」で、その目的は「医療・福祉および保健に関する設備・機器の研究、改善ならびに普及を図ること」としている団体。病院の整備計画の作成や管理運営にたずさわる方々のために、病院の空調設備、電気設備、衛生設備などの設計・管理指針(ガイドライン)を作成している。

設備の進化

　ある建物の設備について、どのような状態にあるのか調査の依頼を受けたことがありました。いわゆる劣化診断です。

　まず図面を調べることから始めました。建物を建てた頃の図面から、今までの修繕や改修まであらゆる図面を引っ張り出します。設備だけではなく、建築図面もです。まるで人の出生を調べるように、建物の歴史を調べるのです。

　建築設備は、建物に比べると劣化が早いため、劣化による更新時期というものが出てきます。また、設備機器類の進化の方が早いため、設備の陳腐化による取り替えも出てくることがあります。

　近年では、設備機器とＩＴ技術との連携と融合が叫ばれてきています。もしかすると、空調機自身が人工頭脳を持ち、自己診断して、「ここを修理してくれよ！」と勝手に伝えてくれる、そんな時代がもうそこまで来ているのかも知れませんね。

空調設備の
維持管理

この章では、空調設備の
維持管理を行ううえで知
っておきたい事項を解説
します。

維持管理の目的と用語の定義

維持管理の目的

建物の性能や室内環境を計画当初の状態に保持し続けるためには、建築設備の機能を常に発揮できる状態に維持管理することが大変重要になります。維持管理を十分にしているつもりでも、建物を長期間使用していると、空調・換気や給排水・衛生の設備機器やそれらの周辺部材などは劣化してきます。

一方、建築設備が十分に機能を発揮できる状態であっても、建物の使用方法や目的が計画当初と変わることで、その機能が発揮できなくなり使用目的を満足することが困難になる場合もあります。

さらに、空気調和設備などの技術は日進月歩で進んでおり、ひと昔前の技術では要求を満たせなくなったケースもあります。省エネルギーの観点では非効率的であったものが、技術革新によって新たなニーズにも十分応えられるようになったものもあります。これらのようなケースでは、最新の考え方を検討・導入し、現在稼働している建築設備に対してさらに補強したり、場合によってはシステムごと入れ替えたりすることも十分に考えられます。

このように、建物を長期間使用できるようにするためには、日常の修繕などはもとより、改修も視野に入れながら建築設備の日々の維持管理と定期的な診断・検証が必要になるのです。

これらのことから、建築設備の維持管理の目的は、以下のとおりにまとめることができます。

① 居住環境や作業環境の保全や安全の確保および衛生状態の保持と確保、公害発生の防止
② 設備の性能や機能の継続的な維持および保持による建物と設備の長期間使用
③ 故障や事故の発生回避のための予知による災害や危険の未然防止
④ 省エネルギーおよび省資源の達成
⑤ 有形財産としての資産価値の保持と向上

用語の定義

建築設備の維持管理に関する用語は、日本建築学会、プラントメンテナンス協会、全国ビルメンテナンス協会などで使用されていますが、それぞれが独自に用語を定義して活用しているものが多くあり、現状では各団体の間で統一された用語の定義はありません。

このなかで、日本建築学会の「建築物の耐久計画に関する考え方」の用語を基本にした主要な用語は右表のとおりとなり、本書ではこれをベースに構成しています。日常的に聞き慣れない用語も含まれていますが、建築設備の現場においては最低限おさえておきたい用語です。

維持管理に関する主要な用語と定義

用　語	定　義	出　典	備　考
維持管理	建築、設備および諸施設、外構、植栽などの機能または性能を常時適切な状態に維持する目的で行う維持保全の活動、ならびにその関連業務を効果的に実施するために行う管理活動	建築	耐久計画
維持保全	対象物の初期の性能および機能を維持するために行う保全	建築	耐久計画
改修	劣化した建築物などの性能、機能を初期の水準以上に改善すること	建築	耐久計画
更新	劣化した部材・部品などを新しいものに取り替えること	建築	耐久計画
修繕	劣化した部材・部品あるいは機器などの性能または機能を現状あるいは実用上支障のない状態にまで回復させること。ただし、保守の範囲に含まれる定期的な小部品の取り替えは除く	建築	耐久計画
寿命	建物あるいは部品・材料が竣工あるいは使用が開始されてから除去されるまで実際に存在した時間のこと	論文	小松幸夫
除却	建築物またはその部分を取り除く	建築	耐久計画
整備	機器を良好な状態に維持し、その機能を全面発揮させるために実施する点検、手入れ、部品交換および試運転の諸作業をいう	ビ協	用語集
性能	目的または要求に応じてものが発揮する能力	建築	耐久計画
損耗	建築物の材料や部材などが損傷したり、摩耗したりすること	建築	耐久計画
耐久性	建築物またはその部分の劣化に対する抵抗力	建築	耐久計画
耐用年数	建築物またはその部分が使用に耐えなくなるまでの年数	建築	耐久計画
点検	五感による設備・機器の異常有無の感知と手工具や計測器などを利用しての計測・記録などによる方法がある	ビ協	用語集
定期点検	半年から1年または数年に1回繰り返し行う点検をいう	ビ協	用語集
日常点検	1ケ月以内の期間をおいて繰り返し行う点検をいう	ビ協	用語集
復旧	不測の要因によって故障または破損した建築物などの性能または機能を回復させること	建築	耐久計画
目標耐用年数	使用上の要求から設定された耐用年数で計画耐用年数ともいう	建築	耐久計画

注　出典：建築は日本建築学会、ビ協は東京ビルメンテナンス協会をいう
　　備考：耐久計画は日本建築学会発行「建築物の耐久計画に関する考え方」(昭63年)、
　　　　　用語集は東京ビルメンテナンス協会発行「用語集」(平5年)、
　　　　　論文は小松幸夫学位請求論文「建物の耐用性に関する調査研究」(昭53年)

用語解説

「日本建築学会」、「東京ビルメンテナンス協会」：社団法人日本建築学会は、会員相互の協力によって、建築に関する学術・技術・芸術の進歩発達をはかることを目的とする公益法人。東京ビルメンテナンス協会は、ビルメンテナンスに関する知識・技術の進歩向上に関する事業を行うとともに、ビルメンテナンス業の健全な育成に関する事業を行い、もって建築物における衛生的で安全な環境条件の維持発展を図り、広く都民生活の向上と公共の福祉の増進に寄与することを目的とする公益社団法人。

維持管理業務

維持管理の業務体系

建築設備の維持管理業務は単に設備を維持するだけではなく、常に設備の機能が最良の状態で発揮できるように準備し、継続的かつ効率的な運用ができるような活動をすることが重要になります。そのためには、常に建築設備の正しい運転・操作を維持し、正しい状態に復元することを継続的に管理することが必要です。

維持管理を業務内容別に分けると、総括管理、運転・監視、保全、技術管理、業務管理の大きく5つの項目で構成されます。

総括管理業務

総括管理業務とは、建物の所有者や管理者および設備の維持管理に関連する関係者との打合せや総合的な調整を行ったり、建物の年間維持管理計画を立てたりする業務です。特に高機能化・高性能化が進んでいる近年の建物には欠かすことのできない業務となっています。

運転・監視業務

運転・監視業務は、各設備機器類の使用条件・目的などの最適な状況を把握して安全かつ安定した運転を行います。また、運転状況を監視・確認しながら機器の異常を早期に察知・発見し、機能の低下や故障を未然に防ぐことがおもな業務となります。

保全業務

保全業務は、建築設備が持っているあるいは内包している潜在的な欠陥を表面に出して目に見える形にして、常に正しい状態に復元および維持する活動です。建築設備のおもな故障状態とその影響の関係については右表のとおりです。

保全の取り組みには、事後保全と予防保全があります。前者は故障が発生した後に修復する方式で、いわゆる後追いの保全です。後者は点検、整備、検査、運転状態を監視して故障の発生を事前に検出し、修理・交換する方式です。

技術管理業務

技術管理業務は、運転・監視および保全業務で得られた情報をもとに、運転や保全結果に対する評価を行います。この評価の結果を、運転マニュアルや点検・整備の作業手順書などの作業方法について見直し、反映させる作業を行います。この作業を繰り返すことによって技術の向上を図るのが技術管理業務です。

業務管理

業務管理は、建物の所有者やテナントへの情報提供や、建築設備を管理する上での事務を担当する業務です。

建築設備のおもな故障状態（故障モード）と影響

設備	故障モード	条件	損傷名	損傷内容	影響
炉・塔・槽・熱交換器・動体配管などの機械設備※	腐食	水溶液	全面腐食	表面が全面的に均一に腐食した状態。赤さびなど	減肉・強度低下
			局部腐食	流体の渦流の偏りによる部分的な腐食。配管に穴があいた状態など	
			選択腐食	合金成分中のある種の成分だけが溶解する。古い蛇口など黄銅（銅と亜鉛の合金）の亜鉛部分の腐食など	
		気体	酸化	空気中の酸素と結びついた状態。赤さびなど	減肉・強度低下
			硫化	硫黄と化合すること。ボイラの煙突の腐食など	
			浸炭	部材表面から炭素が拡散浸透する。表面全体を覆うと靭性が劣化し材料強度が低下する場合がある	
			窒化	窒素と化合すること	
			その他のガス腐食	硫化水素、亜硫酸、亜硝酸、塩素、アンモニアなど	
		溶融物	溶融塩腐食	塩が高温で融解してできた液体による腐食	減肉・強度低下
			油圧腐食	油の劣化による	
	損耗	機械的作用	エロージョン	水流による局部の腐食。特にエルボなど	減肉・強度低下
			摩耗	すり減りの状態	
	劣化	環境効果	水素脆化	水が水素と酸素に分離、水素が金属に入り込み劣化する	強度（じん性）低下
			水素侵食	水が水素と酸素に分離、結果、水のpHが酸性化し、侵食する	
			液体金属脆化	低融点金属が結晶粒界に染み込んでいき、結晶粒界の強度を著しく低下させる現象。金属が曲がらずに折れる	
		熱的変化	時効（脆性）	時間的寿命が尽きた状態	強度低下
			σ相 – 457℃脆性	σ相はFe（鉄）とCr（クローム）の金属間化合物。ステンレス鋼中にσ相が析出すると衝撃値が著しく低下する	
			変質	熱により結晶レベルで変化し性質も変化した状態	
		被覆	はく離	はがれた状態	耐食性低下
	割れ	環境効果	腐食疲労	腐食による耐力の低下	強度低下・破壊
			応力腐食割れ	錆などによる膨らむ力によって割れが生じる	
			環境脆化	水素によって金属は環境脆化を起こす	
		機械的作用	疲労	金属疲労など	強度低下・破壊
			熱衝撃	熱による膨張収縮の繰り返しにより耐力が低下する	
			クリープ	一定の温度、応力を受ける材料が、ある時間を過ぎた後に生じる変形	
			低温脆性	金属がある温度以下の低温になると分離破断しやすくなり、もろくなる	
	閉塞	固形物	流量低下	ポンプの圧力計の異常上昇	生産効率低下
回転継手など	異常振動	回転体	アンバランス	錆などにより回転体が均質でなくなり発生	機能低下
			ミスアライメント	錆や経年変化などによりすき間などが発生	
			軸受不良	経年変化などによりすき間などが発生	
			ギア損耗	経年変化などによりすき間などが発生	
			流体振動	速すぎる流速など	
			基礎不良	ふくらみ、割れなど	
		フランジ・弁	緩み	締め付け不良	
電気・計装設備	絶縁劣化	ケーブル電動機変圧器	吸湿	湿気を含んだ状態	漏れ電流増大
			汚損	汚れた状態	トラッキング
			はく離	はがれ落ちた状態	部分放電発生
			き裂	ひびわれ等の発生	部分放電侵食
	精度・機能不良	計測器	作動不良	表示が不安定な状態	生産設備支障

※炉：炉筒煙管ボイラなど　塔：冷却塔など　槽：受水槽など

トラブル事例

「維持管理業務」：維持管理業務の主体は、建物の所有者であり最高責任者であることを忘れてはなりません。日常的に管理業務を維持管理会社に任せきりで無計画であった結果、設備機器が故障しテナントだけでなく、所有者自身も経済的に損失を被ってしまうことはよくあるトラブル事例です。維持管理に関して所有者と維持管理会社双方の意思疎通が重要です。

建築設備のライフサイクル

建築設備コストの考え方

　従来は、建築設備における計画や設計では建設時のコストに視点が置かれ、その後に発生する建築設備の運転コストや修繕コスト、補修コスト、改修コストなどの運用管理コストはほとんど考慮されることはありませんでした。しかし近年は、建物の生涯を通じて掛かる総コストを考える、経済性を重視する計画・設計手法が主流となってきました。これは、例えば建築設備では、空調機器の部品の調達が将来にわたって十分か、あるいは代替品はあるのか、それらが不可能な場合にはどれくらいの費用が掛かるのか、という不確定要素が見えてくるようになったからです。また、昨今のエネルギー事情の変化に対応するために、設備機器の陳腐化に伴う更新時の新システムへの移行を考慮した改修なども総コストを考えるひとつの要因となっています。

建築設備のライフサイクル計画の概念

　建築設備のライフサイクル計画は、建物の設計・計画段階から行われます。その内容は、建物の全生涯にわたって設備の機能や性能が十分に発揮できるかどうかの評価や、将来、設備機器の取り替えが容易に行えるかどうかの評価、さらに点検・修繕などの保守・管理が容易に行えるかどうかなども考慮しながら進めていきます。

LCとLCC

　LCはライフサイクル(Life Cycle)の略称で、LCCはライフサイクルコスト(Life Cycle Cost)の略称です。近年では、建物の生涯を通して計画的な運用を行いあわせて経済性を実現する手法のことを「LC計画手法」と呼んでいます。

　LCCは、建物の生涯を通じて掛かる総費用をいい、企画・設計費、初期建設費、運用管理費、廃棄処分費で構成されており、それぞれの費用の年数とコストをイメージで表すと右図のようになります。この図から、運用・管理・保全期間＋撤去・処分期間の総費用の方が、企画〜設計期間＋建設〜試運転期間の総費用より大きいことが分かると思います。このことが近年、計画・設計段階から建物の生涯を通じて掛かる総コストを考えるようになった背景です。

　LCCの総費用の計算は、建物の全生涯の期間を設定することから始まります。

　運用管理費は、設定された期間内での各設備機器の設計寿命や部品交換周期、更新周期、メンテナンス計画などを考慮し、毎年支出する設備の保全費や修繕費、エネルギーの費用としての燃料や電力料金など全ての運用管理にかかる費用を総集計します。これらによって、建物のライフサイクルのそれぞれの段階の費用を比較検討し、企画・設計および維持管理に反映させるのがLCCの考え方です。

建物のライフサイクルコスト

建物のライフサイクルコストのイメージ図

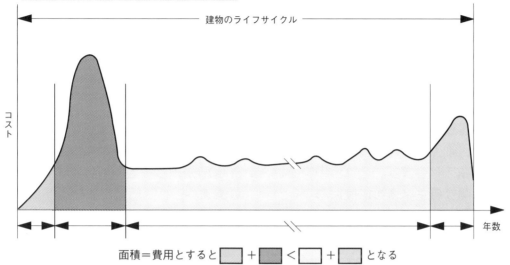

面積＝費用とすると ☐ ＋ ▨ ＜ ☐ ＋ ☐ となる

	費用分類	費　用	期　間
ライフサイクルコスト	企画・設計費	建設企画費 現地調査費 用地取得費 設計費 環境調査費	企画・研究・開発・設計期間
	初期建設費	工事契約費 工事費 工事管理費 環境対策費 竣工検査費	建設・据付け・試運転期間
	運用管理費	保全費 修繕費 改良費 運用費 一般管理費	運用・管理・保全期間
	廃棄処分費	解体費 処分費 環境対策費	撤去・処分期間

トラブル事例

「建築設備コスト」：建物は工事期間が長くなる場合があり、その結果、当初の設備コストが予想を遥かに超えることがあります。設備は建物工事の後半の発注になりがちで、計画当初の見積価格から設備関係のコストが値上がりし、設備のトータルコストがあがってしまうことがあるため、設備機器類の発注時期とその規模を正確に把握することが重要です。

届出書類と品質マネジメント

届出書類

建物の建設に伴う監督官庁などへの届出書類は、竣工後の維持管理においても重要な書類になります。それらの中で建築設備に関する主な書類には、右表（上）のようなものがあります。建物に設置される設備が右表（上）の「区分」に該当する場合には、建物の竣工時に図面や機器制作図面、取扱説明書などを届出書類とともに監督官庁に提出しなければなりません。

これら届出書類に記載されている事項は、竣工後の維持管理にとって基本となるものです。例えば、建築確認申請書には、建設地、敷地の規模、敷地の高低差、延べ面積、建ぺい率、容積率、建物用途、用途地区、用途地域などその建物に関する最も重要かつ基本的な事項が記載されています。

さらに建築設備関係において、給排水・衛生設備に関する書類には、給水の方式や給水に関する設備機器、装置、衛生器具などが記載されています。また、排水に関しては汚水や雑排水の処理方法などが、雨水に関してはその排水経路などが記載され、排水・雨水とも最終的な放流先などが記載されています。

空調・換気設備に関する書類には、冷凍機の冷凍能力やボイラの伝熱面積、換気設備の方法などが記載されています。

品質管理と品質保証の基準

品質管理および品質保証の基準には、ISO（国際標準化機構）が定めたISO 9000ファミリーと呼ばれる国際規格があります。これは組織における品質マネジメントシステムに関する一連の国際規格群で、企業などが顧客の求める製品やサービスを安定的に供給する「仕組み（マネジメントシステム）」を確立して、その有効性を継続的に維持・改善するために要求される事項などを規定したものです。

ISO 9000ファミリーが求めるマネジメントシステムを簡単にまとめると、「明確な方針・責任・権限の下、業務プロセスをマニュアル化（手順化）して、それを仕組みとして継続的に実行、検証を行うこと」になります。このうち、ISO 9001は顧客による要求事項の規定で、顧客満足と品質マネジメントシステムの継続的な改善を目的に、最低限きちんと行うべきことを定めています。またこれは、内部監査や第三者審査の際の審査基準としても使われています。

一方、ISO 9004は品質マネジメントを行う際の指針で、該当する全て利害関係者の要求事項に対応し、組織の総合的な目標達成状況を体系的かつ継続的に改善するための手引を提供するものです。ISO 9001とISO 9004は独立した規格ですが、一対のものとして利用されることが意図されています。

建築設備設置に関する区分・関係法令・提出書類の例

区　分	関係法令	提出書類名
高圧ガスの製造(冷凍機)	高圧ガス保安法 冷凍保安規則	危害予防規程届書
		冷凍保安責任者届書(代理の選任も必要)
		高圧ガス製造許可申請書
		高圧ガス製造開始届書
		高圧ガス製造届書
ボイラおよび圧力容器	労働安全衛生法 ボイラー及び圧力容器安全規則	ボイラー設置届書
		ボイラー落成検査申請書
		ボイラー使用再開検査申請書 (使用休止のボイラを再使用する場合)
		第一種圧力容器設置届
		第一種圧力容器落成検査申請書
		第一種圧力容器使用再開検査申請書 (休止の第一種圧力容器を再使用の場合)
		小型ボイラー設置報告書
ばい煙	大気汚染防止法	ばい煙発生施設設置届
		ばい煙発生施設使用届 (既存または工事中のものが該当の場合)

ISO 9000ファミリーによる品質マネジメントシステムの概要

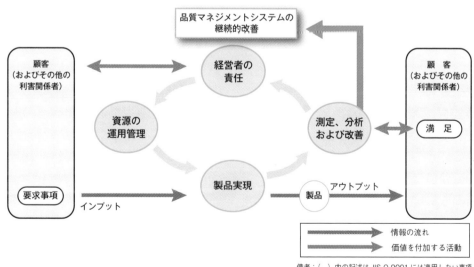

備考： (　) 内の記述は JIS Q 9001 には適用しない事項

用語 解説	**「外部品質保証」、「ISO 9000ファミリー」**：外部品質保証とは、顧客に提供する品質について安心感を与える、保証するなど、計画的かつ体系的な活動のこと。ISO 9000ファミリーは、外部品質保証のあり方に関するモデルを示した国際規格で、成果物そのものの品質ではなく、製品を作り出すプロセスについて第三者が審査し認証登録するという特徴がある。

建築設備の維持管理と資格

建築設備の維持管理には設備機器の運転や取扱いに際して資格を必要とする場合があるため、人員を確保するだけでは対応できない場合があります。

建築設備の維持管理体制

建築設備の維持管理の実施体制には直営（自社）管理と委託管理があり、どちらの方法を採用するかによって維持管理組織体制が異なります。

委託管理は、一般設備および特殊設備の一部または全部の管理業務を管理業者に委託する方法です。エレベータ・自動扉・シャッタなどの特殊設備に関しては、設置から点検・整備のほぼ全般をメーカーに委託管理とすることが少なくありません。

維持管理業務に関連する資格

建築設備の維持管理の実施体制では、設置されている設備機器の種類や維持管理業務の内容などによって各種有資格者が必要になります。

設備の取扱い責任者としての資格では、浄化槽管理士、ボイラー技士、第一種圧力容器取扱作業主任者、冷凍機械責任者、建築物環境衛生管理技術者、危険物取扱者（危険物保安監督者）などが維持管理業務の内容によって必要になります。

工事・取扱い・点検に必要な資格では、ボイラー整備士、消防設備点検資格者、消防設備士、建築設備検査資格者などが維持管理業務の内容によって必要になります。なお、実際の設備の管理は、係員が常駐して運転・監視・点検などを行い必要な場合には修理も施すのが一般的ですが、建物の規模が小さい場合には、常駐の係員を置かずに巡回点検による管理方法もあります。

電気主任技術者については、認定団体へ委託することにより常駐としなくても良いとする特例もありますが、ボイラや高圧ガス保安法に規定されている冷凍機は、それぞれの有資格者が常駐・運転・保守を行うことが法によって定められています。

維持管理業務の分担

建築設備の維持管理では機械関係と電気関係に分け、それぞれに有資格者を部門の責任者として置き、運転の監視や日常点検、定期点検、整備などの業務の統括を行います。法令で定められた設備に関しては、常に適正な状態が保たれるように維持管理を行います。

さらに、これらの機械設備および電気設備の両方の統括管理を行う責任者として設備主任を置きます。

設備主任は保全計画に沿って業務の処理が行われるよう各設備責任者に対して監督したり、ほかの関係者との連絡や調整などマネジメントを行います。

建築設備の維持管理業務に関する資格の例

設備の取扱い責任者としての資格

資　格		概　要	
浄化槽管理士	業務の内容	浄化槽の保守点検および清掃に関する技術上の業務を担当（処理対象人員が501人以上の浄化槽が対象）	
	資格の種類	ランクによる区分はない	
	選任の方法	管理士の届出は不要（浄化槽の設置届出が必要：規則3条の様式第1号による）	
	届出先	設置の届出は都道府県知事（保健所を設置する市にあっては市長）	
ボイラー技士	業務の内容	ボイラの安全な取扱いの作業にかかわる責任者（主任者の職務：ボイラー及び圧力容器安全規則第25条）	
	種別と範囲	特級…すべてのボイラの取扱いの作業	
		1級…伝熱面積500㎡未満のボイラの取扱いの作業	
		2級…伝熱面積25㎡未満のボイラの取扱いの作業	
		技能講習修了者…小規模ボイラだけの取扱いの作業	
		小型ボイラの場合は、上記の者または安全特別教育修了者であること（就業制限）	
	選任の方法	資格者の中から選任	
	届出先	法的届出は必要ない（ボイラを設置している場所の見やすい箇所に掲示）	
第一種圧力容器取扱作業主任者	業務の内容	第一種圧力容器の安全な取扱いの作業にかかわる責任者 （主任者の職務：ボイラー及び圧力容器安全規則第63条）	
	種別と範囲	ボイラー技士免状を有する者	いずれかに該当する者
		化学設備関係（または普通）第一種圧力容器取扱作業主任者技能講習修了者	
	選任の方法	上記の資格者の中から選任	
	届出先	法的届出は必要ない（第一種圧力容器を設置している場所の見やすい箇所に掲示）	
冷凍機械責任者	業務の内容	冷凍設備の運転、保守管理全般についての保安に関する業務の管理（職務：高圧ガス保安法第32条第6項）	
	種別と範囲	第1種…すべての冷凍事業所の製造施設における製造にかかわる保安	
		第2種…1日の冷凍能力が300t未満の製造施設における製造にかかわる保安	
		第3種…1日の冷凍能力が100t未満の製造施設における製造にかかわる保安	
	選任の方法	冷凍保安責任者届書（様式は指定）、（第一種製造者の場合は、代理者の選任も必要：冷凍保安規則第39条）	
	届出先	事務所の所在地を管轄する都道府県知事	
建築物環境衛生管理技術者	業務の内容	特定建築物の維持管理が環境衛生上適正に行われるように監督する	
	種別と範囲	建築物環境衛生管理技術者免状を有する者（ランクの種別はない）	
		特定建築物（8000㎡以上の学校、3000㎡以上の事務所、興行場、百貨店、旅館などが対象）	
	選任の方法	所定の様式により届出（必ずしも常駐の必要はない）	
	届出先	所在地を管轄する保健所長経由で都道府県知事	
危険物取扱者 （危険物保安監督者）	業務の内容	危険物の取扱い作業に関する保安の監督（責務：政令第31条、業務：規則第48条）	
	種別と範囲	甲種…すべての類の危険物	対象（指定数量の30倍以上の貯蔵所など：政令第31条の2）
		乙種…指定の類のみ（油は第四類に該当）	
	選任の方法	所定の様式第20（危険物保安監督者選任届出書）により届出	
	届出先	所轄の消防署（市町村長など）	

工事・取扱い・点検に必要な資格

資　格		概　要
ボイラー整備士	業務の内容	ボイラおよび第一種圧力容器の整備の業務（性能検査の準備、検査終了後の復旧など）
	資格の種類	ランクの種別はない
消防設備点検資格者	業務の内容	消防法に基づく消防設備の点検業務（ただし点検のみであり、整備や工事はできない）
	資格の種類	第1種…消火栓、スプリンクラなど機械関係の消防設備の点検ができる（点検のみ）
		第2種…自動火災報知設備など電気関係の消防設備の点検ができる（点検のみ）
消防設備士	業務の内容	消防設備に関し、甲種は工事・整備・点検が、乙種は整備・点検の各業務ができる
	資格の種類	甲種…1類〜4類に区分
		乙種…1類〜7類に区分
建築設備検査資格者	業務の内容	特殊建築物の設備に関する検査業務ができる
	資格の種類	ランクの種別はない

トラブル事例

「維持管理と資格」： 設備機器によっては専門知識を有する資格者が必要になります。ある建物で、ボイラー資格者が必要となり、その有資格者が維持管理に加わったのですが、その人は建築と建築設備についての知識がなかったので業務内容についての不満が出たそうです。ひとつの資格に関する知識だけでなく、その周辺知識がないと実務には活かせないという例です。

維持管理計画

維持管理計画の目的

多種多様な建築設備機器を効率的に維持管理するためには、計画書をつくりそれに従い実施することが必要です。設備機器の保全業務には日常点検業務や定期点検業務があり、法令により義務づけられているものもあります。

これらを漏れなく適切に反映させた月間および年間の計画書を策定し、その計画書に沿って確実かつ効率的に維持管理を実施することが必要です。また、必要に応じて週間計画を策定することもあります。

年間維持管理計画

法令にもとづく点検や検査を法定点検といい、例えばボイラなど法定点検を必要とされる機器は、その検査証に明記された期限内（原則は1年）に性能検査を受けなければいけません。

また、法定点検のほか、空調機のコイルやファンの洗浄など、設備機器の種類ごとに必要な法定外の修繕計画を策定し、修繕や改修も行われます。このような1ヶ月を超える周期で行う点検、検査、修繕業務を年間計画に適切に反映させます。

月間維持管理計画

月間維持管理計画は、維持管理業務に携わる人員（人数、技能、資格など）や点検対象とする機器とその点検内容を把握

することから始まります。それをもとに、通常勤務者の人数や技能、資格に合わせて作業の割り振りを行います。ただし、法定点検など事前にスケジュールが把握できる場合は、勤務態勢を調整する必要があります。これらを踏まえて年間計画を確認の上、人員の出勤、休暇、宿直なども考慮して月間計画を策定します。

日常点検と定期点検

設備機器の点検は、点検内容（点検項目、点検周期）を網羅した点検表にもとづいて確実に実施します。これらの事項を一覧にまとめた設備点検基準表は右表のようになり、契約時の書類に添付されます。

日常点検は、毎日または1週間あるいは月に1回程度の周期で行われるもので、おもな内容は目視によるものですが、必要に応じて温度計や電圧計などの計器類を使用することもあります。

定期点検は、設備機器の耐久性と機能の維持を確保することを目的として行い、法定点検と一般点検（法定外点検）に分けられます。年に1回の性能検査では、分解・組立を伴った専門知識を必要とする場合もあるため専門業者に委ねることもあります。

維持管理計画を確実に実施することで、設備機器の運転状況やトラブルなどの点検状況の情報を的確に把握し、それらを常に次の維持管理業務にフィードバックすることが大切なのです。

設備点検基準表の例（機械設備関係）

区 分	設備・機器	点検項目	点検周期と回数					備 考
			日	週	月	年	随時	
熱源機器	ボイラおよび付属機器類	運転・停止操作、計器類の点検記録	○					運転中常時
		付属機器類	1				○	運転中必要に応じ調整
		バルブ・ダンパ類の点検および調整				1		
		定期自主検査				1		
		煙道および煙突の点検					1	
		ばい煙測定時の立会い					2	
		ボイラ・圧力容器性能検査、および整備作業、復旧作業の立会い					1	
	チリングユニット	運転・停止操作、計器類の点検記録	○					1〜2時間に1回
		ユニット	1					
		計器、保安装置の作動試験、冷媒漏れ検査、付属機器の点検			1			
		危害予防規程による自主点検			1			
		発停順序（先発）切換え		1				
	ターボ冷凍機	運転・停止操作、計器類の点検記録	○					1〜2時間に1回
		冷媒・抽気回収装置の作動試験各種配管、機器まわりの点検	1					
		計器、保安装置の作動試験			1			

トラブル事例	**「維持管理計画」**：十分に練って作り上げた維持管理計画で順調に維持管理がなされていても、途中から資金的に厳しい状態になるケースがあります。この原因は、維持管理業務内容の分析不足による過剰管理とそれに伴うコスト意識不足である場合が大半です。何事にも、分析とコスト感覚が重要という例です。

保全・保守（メンテナンス）

保全・保守の分類と用語

保全・保守に関する用語は、JIS Z 8115: 2000「信頼性用語」とJIS Z 8141:2001「生産管理用語（設備管理）」に定義が与えられていますが、信頼性工学と設備管理工学の立場の相違で、同じ用語でも用語の定義の表現が微妙に変わっています。

JIS「信頼性用語」による保全・保守の定義は「アイテムを使用及び運用可能状態に維持し、又は故障、欠点などを回復するための全ての処置及び活動」（アイテムとは「信頼性の対象となる部品、構成品、デバイス、装置、機能ユニット、機器、サブシステム、システムなどの総称又はいずれか」）とされています。

また、JIS「生産管理用語（設備管理）」ではより広範な保全・保守方式を定義しており、両者の関係は右図のとおりとなります。

予防保全

予防保全は時間計画保全（時間基準保全）と状態監視保全（状態基準保全）に分類され、さらに、時間計画保全は定期保全と経時保全に分類されています。なお、JIS「生産管理用語（設備管理）」には、状態監視保全とほぼ同義語として「予知保全」という用語が定義されています。予防保全の用語の定義には、JIS「信頼性用語」とJIS「生産管理用語（設備管理）」のふたつがあるので、表現の違いを理解しておく必要があります。

事後保全

事後保全は緊急保全と通常事後保全に分類されます。

緊急保全は、計画的に予防保全を行っている設備が故障した時に緊急に対処することで、これは予定外のことになります。それに対して通常事後保全は、予防保全を行わない設備の故障に対する処置で、常に設備の故障が起きてからの対処になります。

オーバーホール

オーバーホールはJIS「生産管理用語（設備管理）」に定義されています。オーバーホールのおもな目的は機器の低下した機能や性能を回復させることにあり、定期的に実施される定期保全の典型的な方式です。オーバーホール後に初期故障が起こると信頼性が低下することもあり、一般的には信頼性の向上効果とは無関係です。

改良保全

改良保全はJIS「生産管理用語（設備管理）」に定義されている設備の改善および性能向上を目的とした保全活動で、設備の構成要素・部品の材質や仕様の改善、構造の設計変更などにより体質改善を図ります。一方、これ以外の保全はすべて維持活動に属します。

JISにおける保全・保守の分類と定義

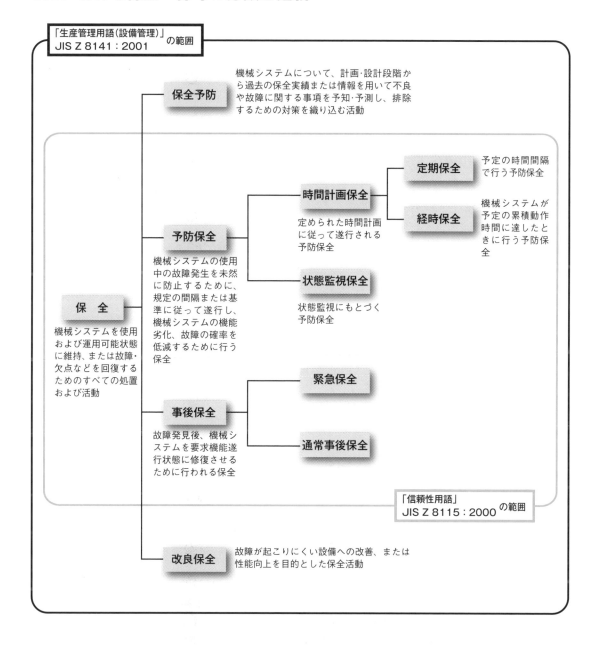

「生産管理用語（設備管理）」JIS Z 8141：2001 の範囲

保全予防
機械システムについて、計画・設計段階から過去の保全実績または情報を用いて不良や故障に関する事項を予知・予測し、排除するための対策を織り込む活動

時間計画保全
定められた時間計画に従って遂行される予防保全

定期保全
予定の時間間隔で行う予防保全

経時保全
機械システムが予定の累積動作時間に達したときに行う予防保全

予防保全
機械システムの使用中の故障発生を未然に防止するために、規定の間隔または基準に従って遂行し、機械システムの機能劣化、故障の確率を低減するために行う保全

状態監視保全
状態監視にもとづく予防保全

保　全
機械システムを使用および運用可能状態に維持、または故障・欠点などを回復するためのすべての処置および活動

緊急保全

事後保全
故障発見後、機械システムを要求機能遂行状態に修復させるために行われる保全

通常事後保全

「信頼性用語」JIS Z 8115：2000 の範囲

改良保全
故障が起こりにくい設備への改善、または性能向上を目的とした保全活動

用語解説

「信頼性工学と設備管理工学」：信頼性工学は、「故障」という品質を扱う工学手法。信頼性向上には、排除（事前対策）・代替化（事前対策）・容易化（事前対策）・異常検出（事後対策）・影響緩和（事後対策）というミス撲滅の5原理がある。

設備管理工学は、設備の性能・機能を長期的に継続させるための診断・保全・管理の手法

ビル衛生管理法と空気環境の測定

理想値・目標値・推奨値

一般に、経済的な制約のない場合の基準の数値には理想値が望ましいとされていますが、その実現が困難でその中で最適な状態と考えられる数値は目標値となります。そして、現実的に実施が可能な好ましい数値が推奨値として使われています。

このことを設備の観点から考えると、計画の段階では設定した目標値を満足するように設計し、その後完成した建物を維持管理する段階では、常に推奨値を維持することになります。ビル衛生管理法に定められている建築物環境衛生管理基準はこの推奨値を定めたものであり、ひとつの快適基準といえるものです。

ビル衛生管理法

ビル衛生管理法は、正式には「建築物における衛生的環境の確保に関する法律」といいます。ちなみに、厚生労働省では「建築物衛生法」と略して呼んでいます。

特定建築物に対するこの法律の特徴は以下のとおりです。
①特定建築物の届出
②建築物環境衛生管理技術者(ビル管理技術者)の選任
③建築物環境衛生管理基準(ビル環境衛生管理基準)の遵守の義務づけ
④ビルメンテナンス業者に対する知事登録制度

ビルの所有者・占有者などは、ビル衛生管理法にもとづきビルの衛生管理を自ら実施することになります。また、維持管理業務を一定の人的・物的水準を確保しているビルメンテナンス業者や専門業者に委託することも可能です。

空気環境の測定

ビル衛生管理法によって、空調・給排水などについての環境衛生上良好な状態を維持するための建築物環境衛生管理基準が定められています。ビル所有者などは、この基準に従って空気環境の測定などを行わなければなりません。空気環境の測定の目的は、室内で生活する人々にとって良好な環境が得られているかを確認するものです。なお、空気環境測定は2ヶ月に1回定期的に測定することが義務づけられています。

空気環境の管理基準値と測定器との関係は右表(下)のようになります。一般に、空気環境を測定する場所は平均的な値が得られるような場所を選びますが、空気環境が悪いと思われる所も今後の改善の余地があるため測定場所の候補になります。

測定計画は、測定担当者やビル管理技術者だけでなく、ビルに関係するあらゆる関係者を念頭に置き、幅広く理解を得られるように実施します。

建築物環境衛生管理基準など

		実施回数など		
		施行規則（厚生労働省令）など	東京都の指導基準	
空調管理	空気環境の測定	２ケ月以内ごとに１回、各階で測定（ホルムアルデヒドについては、建築、大規模の修繕または大規模の模様替を行った場合、使用開始日以降に到来する最初の６月～９月の間に１回）	各階ごとに、居室の用途、面積に応じて選定	
	浮遊粉塵測定器	１年以内ごとに１回の較正	左に同じ	
	冷却塔・加湿装置・空調排水受けの点検等	使用開始時および使用開始後１ヶ月以内ごとに１回点検し、必要に応じ清掃等を実施	左に同じ	
	冷却塔・冷却水管・加湿装置の清掃	１年以内ごとに１回	左に同じ	
給水・給湯管理（飲用・炊事用・浴用等）	貯水（湯）槽の清掃	１年以内ごとに１回	左に同じ	
	水質検査	６ヶ月以内ごとに１回(16項目、11項目) 毎年６～９月に実施（消毒副生成物12項目） 地下水等使用施設：３年以内ごと実施（有機化学物質６項目およびフェノール類で計７項目）	左に同じ 給水系統別に実施	「飲料水貯水槽等維持管理状況報告書」により毎年報告を行う
	残留塩素等の測定	７日以内ごとに１回	毎日、給水系統別に実施する（中央式給湯設備については７日以内ごとに１回）	
	防錆剤の水質検査	２ヶ月以内ごとに１回	左に同じ	
雑用水の水質管理	散水・修景・清掃の用に供する雑用水の検査	７日以内ごとに１回　pH・臭気・外観・残留塩素 ２ヶ月以内ごとに１回　大腸菌・濁度	左に同じ	
	水洗便所の用に供する雑用水の検査	７日以内ごとに１回　pH・臭気・外観・残留塩素 ２ヶ月以内ごとに１回　大腸菌		
排水管理		排水槽の清掃は、６ヶ月以内ごとに１回	排水槽の清掃は、原則として４ヶ月以内ごとに１回以上実施する。グリース阻集器は使用日ごとに捕集物を除去し、７日以内ごとに１回沈殿物等の清掃を行う	
清掃および廃棄物処理		日常清掃のほか、６ヶ月以内ごとに１回大掃除を定期に統一的に実施	左に同じ	
ねずみ等の点検・防除		６ヶ月以内ごとに１回（特に発生しやすい場所については２ヶ月以内ごとに１回）、定期に統一的に調査を実施し、当該結果にもとづき必要な措置を講ずる	生息状況の点検を毎月１回以上実施し、その状況に応じた適切な防除を実施する	

空気環境の管理基準値

	項目	管理基準値	測定器	備考
瞬間値	温度	18℃以上28℃以下冷房時には外気との差を著しくしない	0.5℃目盛の温度計	機械換気設備のみを設置している場合は適用しない
	相対湿度	40%以上70%以下	0.5℃目盛の乾湿球湿度計	機械換気設備のみを設置している場合は適用しない
	気流	0.5m/s以下	0.2m/s以上の気流を測定できる風速計	
平均値	一酸化炭素(CO)	6ppm以下	検知管方式による測定器	
	二酸化炭素(CO_2)	1000ppm以下		
	浮遊粉塵量	0.15mg/㎥以下	規則第3条の2に規定する粉塵計	
	ホルムアルデヒド	0.1mg/㎥（0.08 ppm）以下	法令により定められたもの	建築等を行った場合、使用開始日以降に到来する最初の６～９月の間に１回測定する

（注）　1．瞬間値とは、１日２回または３回の個々の測定値について適否を判断
　　　　2．平均値とは、１日２回または３回の測定値を平均したもので適否を判断
　　　　3．粉塵計以外の測定器については、表中の測定器か同等以上の性能を持つものを使用
　　　　4．粉塵計は厚生労働大臣の指定する機関の較正を１年以内に受けたものを使用

用語解説　**「特定建築物」**：特定建築物とは、「建築物における衛生的環境の確保に関する法律（ビル衛生管理法）」に定められている建築物のことで、特定用途に利用される部分の面積が、3000㎡以上（学校教育法第1条に規定する学校の場合は8000㎡以上）の建築物。

運転管理と定期点検・整備

運転管理と定期点検・整備の違い

建物の室内環境は、空調設備、衛生設備、電気設備などの各種設備によって快適かつ安全性の高い環境が人工的に維持されています。この機能が失われた瞬間から良好な室内環境は失われ、結果的に利用者の健康を損なうことにつながります。運転管理と定期点検・整備は、良好な室内環境を維持するために行われます。

運転管理は日常的な設備機器の起動と停止をはじめとして、常に運転状態の監視と機器の点検を行い、故障の防止や経済的な運転を目指す日々の活動から実現されます。

定期点検・整備は、季節の変わり目ごとに個々の設備機器に対して適正な状態にあるかを点検し、問題があればそれに対処する作業です。日常の運転管理で行われる点検は、五感による直感的な状況判断によるところが主体となりますが、それに対して定期点検・整備では各種検査器具などを用いて数値にもとづくレベルの高い検査や試験を行います。

中央監視と個別監視

中央監視は、監視センターに設置された中央監視装置(中央監視盤)による管理方式で、遠隔操作により設備機器の運転・制御・監視・記録を行うものです。

一方、個別監視は、設備機器の近くに設置された操作端末装置によって個別に運転・制御・監視を行うものです。中央監視の場合でも、設備機器の近くにも操作端末装置を設置して個別管理と併用することが可能です。

一般的な中央監視方式は、中央監視装置と設備機器に設けられる端末制御装置で構成されています。日常的な維持管理作業は中央監視装置によって機器の監視および操作を行い、設備機器の点検や試験を行う時には端末制御装置によって操作が行われます。近年、情報通信技術の発展により、コンピュータとデジタル技術を駆使した遠隔監視、遠隔操作が可能になっており、建物の規模に関係なく中央監視と個別監視を併用するケースが増えています。

定期点検・整備

定期点検・整備の作業には、優先的に行われる法令指定による定期点検作業が多数あります。それらの定期点検作業は、法令で定められた点検項目・点検箇所を定められた時期ごとに定められた方法で点検を行い、担当者が点検の結果の記録・報告を行い、不良箇所は修繕などの措置を行います。

右表に記載の関係法令以外にも、水道法、高圧ガス保安法、大気汚染防止法、電気事業法、電気通信事業法、計量法などにより定められる設備機器の定期点検・整備作業があります。

法令による定期点検の例

関係法令	項　目	点検箇所	時　期	担当者	結果の記録・報告・措置
建築基準法	敷地	地盤・周囲の地形・道路・敷地内通路・空地	3年ごと	有資格者	法律に基づく報告を行い、かつ不良箇所は修繕などの措置を行う
	構造	基礎・柱・はり・壁・床・天井・サッシ・ガラス・外壁	3年ごと		
		広告塔	1年ごと		
	防火	構造区画	3年ごと		
		防火扉	6ヶ月ごと		
		内装材料	1年ごと		
	避難施設	廊下・通路・階段・扉・出口・バルコニー	1年ごと		
		非常用進入口	3年ごと		
	衛生	採光のための開口部	3年ごと		
		自然換気のための開口部	3年ごと		
		火気使用室の開口部	1年ごと		
	昇降機	エレベータ	1年ごと		
	建築設備	換気設備・排煙設備・非常用照明設備・給排水衛生設備	1年ごと		
消防法	消防用設備等	誘導灯・誘導標識・消防用水・非常用コンセント	外観点検機能点検6ヶ月ごと	有資格者	法律に基づく報告を行い、かつ不良箇所は修繕などの措置を行う
		屋内消火栓設備・スプリンクラ設備・火災報知設備・避難器具・連結送水管・非常電源専用受電設備・非常放送設備	外観点検機能点検6ヶ月ごと		
			総合点検1年ごと		
		自家発電設備・蓄電池設備・排煙設備・無線通信補助設備・非常電源専用受電設備・ガス漏れ火災警報設備・漏電火災警報設備	外観点検機能点検6ヶ月ごと		
			総合点検1年ごと		
	危険物施設	燃料タンクなど	1年ごと		
労働安全衛生法	設備	ボイラ・圧力容器・ゴンドラ	定期点検1年ごと	有資格者	法律に基づく報告を行い、かつ不良箇所は修繕などの措置を行う
建築物における衛生的環境の確保に関する法律	室内環境	室内空気環境測定	2ヶ月ごと	有資格者	法律に基づく報告を行い、かつ不良箇所は修繕などの措置を行う
		環境の確保に関する法律	6ヶ月ごと		
	給水検査	残留塩素	7日ごと		
		水質	6ヶ月ごと		
	給排水	受水槽清掃	1年ごと		
		排水槽清掃	6ヶ月ごと		

ワンポイントアドバイス　**「定期点検・整備」**：定期点検の点検周期を1年間隔とすると、この間に、周囲の環境や使用環境、外気の環境などの変化による設備や機器の劣化が進みます。これらの劣化状況が早期に把握できると将来の整備方針や補修予算などに反映させることができるため、定期点検以外の点検も考慮が必要な場合もあります。

診断と改修

ふたつの「診断」

　設備の維持保全業務には、運転管理や保守点検などの日常的な管理があります。一方、設備の運転管理や保守点検に伴う設備機器の劣化に対する機能回復を目的とした修繕作業や修理作業も、維持保全業務の一環です。いずれの場合にも設備の稼働に関して具体的な判断が常に行われており、日常的管理の中で何らかの「診断」が行われていることになります。

　これに対して、設備機器の劣化や自然環境の影響などの物理的な要因、設備の陳腐化などの社会的な要因による機能低下などがあります。これらの問題解決のために改修の要求が出され、それに対する対策を立てるための資料収集などを目的とした「診断」が必要になります。この場合が、非日常的管理における「診断」となります。このように、「診断」には日常的管理と非日常的管理のふたつの背景があるのです。

日常的管理における診断

　日常的管理には、日常管理、定期点検、法定検査があり、日常管理では、設備機器が目的とする機能の維持を達成させるために、中央監視、巡回点検、保守作業などの機器の運転管理作業が行われます。

　定期点検では、予防保全の観点から、大型の設備機器や複雑な機構を持つ機器に関しては単独の保守管理契約が締結さ

れます。例えば、季節ごとに稼働する冷凍機などの機器は、適切な時期に詳細な機能および性能に関する点検が行われ、不具合が発見された時には機能回復のために本格的な改修工事が計画されます。

　法定検査では、有資格技術者により、安全基準が満たされているかに主眼が置かれた外観目視や測定機器による計測調査などの検査が行われます。

非日常的管理における診断

　非日常的管理における診断業務は日常的管理業務とは異なり、計画的に組み込まれる作業ではありません。建物の所有者、使用者、運転管理者などの要求により発生する不定期な作業で、その動機には右表（下）のようなものがあります。

改修

　改修工事は、設備機器などの故障や診断により判明した不具合などの要因によって計画されます。単に老朽化した設備機器の修繕や更新以外は設備の部分的な改修にとどまる場合と、建築や設備全体に影響をおよぼす改修となる場合とがあります。例えば、事務室内のＯＡ機器の増加に伴う冷房熱負荷の増加に対応するために空調機の能力を上げようとして同時に熱源機器の容量や配管サイズなどの変更が必要になる場合は全体に影響をおよぼす改修となります。

維持保全業務における日常的管理と非日常的管理

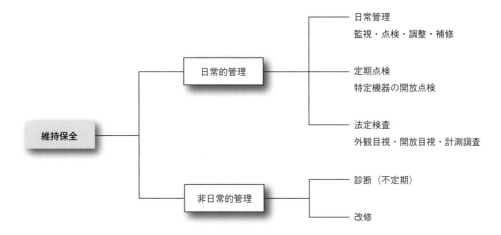

非日常的管理における診断の動機

物理的劣化が 要因となるもの	設備機器などの故障頻度が高くなる傾向が出始めたとき
	設備機器などの安全性が低下する傾向が出始めたとき
	性能劣化によるエネルギー費の増大によって経済性が悪化する傾向が出始めたとき
	修繕費などの保全費用が増大する傾向が出始めたとき
	室内環境などの悪化に対するクレームの発生が増大する傾向が出始めたとき
	設備機器などの経過年数が耐用年数に近づいたとき
	設備機器などの交換部品の入手が困難になったとき
	修理が技術的に不可能または大規模な修繕が必要になったとき
社会的劣化が 要因となるもの	法的な不適合が生じたとき
	OA化や障がいのある人の対応などに新たな機能要求が生じたとき
	快適性などに対する居住者の要求水準が高くなったとき
	新しいシステムの出現により、現在のシステムが陳腐化したとき
	建物や室の使用用途を変更したいとき
	建築物の付加価値を高めたいとき
	環境問題や耐震対策など社会的な変化への対応が迫られたとき

用語 解説	**「保守管理契約」**：保守管理契約には、点検契約（POG契約）と保守契約（FM契約）の2種類の形態がある。点検契約では、点検・品質検査および故障の処置などを行い、保守契約では、通常の定期点検に加えて、機器の機能維持を図る作業を実施する。いずれの場合も、法定検査に必要な内容も含まれる。

索　引

参考文献

空気調和設備計画設計の実務の知識(空気調和・衛生工学会編)
オーム社
建築設備(第三版)
市ヶ谷出版社
管工事施行管理技術受験テキスト
建設管理センター開発出版部
空気調和・衛生工学会便覧　第13版
空気調和・衛生工学会編
平成21年度　設備設計一級建築士講習テキスト
(財)建築技術教育普及センター
公共建築設備工事標準図(機械設備工事編)
国土交通省 大臣官房 官庁営繕部 計画課(ホームページより)
わかる！建築設備
オーム社

監修

中島　康孝

早稲田大学第1理工学部建築学科卒業。
現職は工学院大学名誉教授、ＮＰＯ法人建築環境・設備技術情報センター（ＡＥＩ）理事長。
工学博士（早稲田大学）、一級建築士、設備設計一級建築士、建築設備士。
日本建築学会賞、日本太陽エネルギー学会賞、国土交通大臣功労賞などを受賞。著書に『建築設備ポケットブック』共著（相模書房）、『空気調和衛生工学会便覧』共著（空気調和・衛生工学会）、『新エネルギー利用ハンドブック』共著（日本太陽エネルギー学会）などがある。

執筆者

後藤　謙一

工学院大学建築学科卒業。
一級建築士事務所　後藤デザインシステムズ代表。
一級建築士、設備設計一級建築士

いちばんよくわかる　空調・換気設備〔第2版〕

2012年2月1日　初　版　第1刷発行
2024年4月1日　第2版　第1刷発行

編 著 者	ＴＡＣ株式会社
	（建築設備研究会）
発 行 者	多　田　敏　男
発 行 所	ＴＡＣ株式会社　出版事業部
	（ＴＡＣ出版）

〒101-8383
東京都千代田区神田三崎町3-2-18
電話　03（5276）9492（営業）
FAX　03（5276）9674
https://shuppan.tac-school.co.jp

組　版	ジーグレイプ株式会社
印　刷	株式会社　ワ　コ　ー
製　本	株式会社　常　川　製　本

©TAC 2024　　Printed in Japan

ISBN 978-4-300-11164-2
N.D.C. 533

TAC出版 書籍のご案内

TAC出版では、資格の学校TAC各講座の定評ある執筆陣による資格試験の参考書をはじめ、資格取得者の開業法や仕事術、実務書、ビジネス書、一般書などを発行しています！

TAC出版の書籍

*一部書籍は、早稲田経営出版のブランドにて刊行しております。

資格・検定試験の受験対策書籍

- ❂日商簿記検定
- ❂建設業経理士
- ❂全経簿記上級
- ❂税　理　士
- ❂公認会計士
- ❂社会保険労務士
- ❂中小企業診断士
- ❂証券アナリスト

- ❂ファイナンシャルプランナー(FP)
- ❂証券外務員
- ❂貸金業務取扱主任者
- ❂不動産鑑定士
- ❂宅地建物取引士
- ❂賃貸不動産経営管理士
- ❂マンション管理士
- ❂管理業務主任者

- ❂司法書士
- ❂行政書士
- ❂司法試験
- ❂弁理士
- ❂公務員試験(大卒程度・高卒者)
- ❂情報処理試験
- ❂介護福祉士
- ❂ケアマネジャー
- ❂社会福祉士　ほか

実務書・ビジネス書

- ❂会計実務、税法、税務、経理
- ❂総務、労務、人事
- ❂ビジネススキル、マナー、就職、自己啓発
- ❂資格取得者の開業法、仕事術、営業術
- ❂翻訳ビジネス書

一般書・エンタメ書

- ❂ファッション
- ❂エッセイ、レシピ
- ❂スポーツ
- ❂旅行ガイド (おとな旅プレミアム/ハルカナ)
- ❂翻訳小説

書籍の正誤に関するご確認とお問合せについて

書籍の記載内容に誤りではないかと思われる箇所がございましたら、以下の手順にてご確認とお問合せをしてくださいますよう、お願い申し上げます。

なお、正誤のお問合せ以外の書籍内容に関する解説および受験指導などは、一切行っておりません。
そのようなお問合せにつきましては、お答えいたしかねますので、あらかじめご了承ください。

1 「Cyber Book Store」にて正誤表を確認する

TAC出版書籍販売サイト「Cyber Book Store」の
トップページ内「正誤表」コーナーにて、正誤表をご確認ください。

CYBER TAC出版書籍販売サイト
BOOK STORE

URL：https://bookstore.tac-school.co.jp/

2 1の正誤表がない、あるいは正誤表に該当箇所の記載がない ⇒ 下記①、②のどちらかの方法で文書にて問合せをする

★ご注意ください★

お電話でのお問合せは、お受けいたしません。
①、②のどちらの方法でも、お問合せの際には、「お名前」とともに、
「対象の書籍名（○級・第○回対策も含む）およびその版数（第○版・○○年度版など）」
「お問合せ該当箇所の頁数と行数」
「誤りと思われる記載」
「正しいとお考えになる記載とその根拠」
を明記してください。
なお、回答までに１週間前後を要する場合もございます。あらかじめご了承ください。

① ウェブページ「Cyber Book Store」内の「お問合せフォーム」より問合せをする

【お問合せフォームアドレス】

https://bookstore.tac-school.co.jp/inquiry/

② メールにより問合せをする

【メール宛先　TAC出版】

syuppan-h@tac-school.co.jp

※土日祝日はお問合せ対応をおこなっておりません。
※正誤のお問合せ対応は、該当書籍の改訂版刊行月末日までといたします。

乱丁・落丁による交換は、該当書籍の改訂版刊行月末日までといたします。なお、書籍の在庫状況等により、お受けできない場合もございます。
また、各種本試験の実施の延期、中止を理由とした本書の返品はお受けいたしません。返金もいたしかねますので、あらかじめご了承くださいますようお願い申し上げます。

（2022年7月現在）